中华人民共和国内河船舶船员特殊培训系列教材

客船船员安全知识与操作

中国海事服务中心组织编写

中华人民共和国海事局审定

大连海事大学出版社

图书在版编目(CIP)数据

客船船员安全知识与操作 / 陈晓翔, 杨学辉主编. —大连 : 大连海事大学出版社, 2012.7(2015.11重印)

中华人民共和国内河船舶船员特殊培训系列教材

ISBN 978-7-5632-2710-5

Ⅰ. ①客… Ⅱ. ①陈… ②杨… Ⅲ. ①内河航行—客船—安全管理—技术培训—教材 Ⅳ. ①U675.5

中国版本图书馆CIP数据核字(2012)第143987号

责任编辑：杨子江
封面设计：王　艳
版式设计：冽　夫
责任校对：沈荣欣

出 版 者：大连海事大学出版社
地址：大连市凌海路1号
邮编：116026
电话：0411-84728394
传真：0411-84727996
网址：www.dmupress.com
邮箱：cbs@dmupress.com
印 刷 者：大连住友彩色印刷有限公司
发 行 者：大连海事大学出版社

幅面尺寸：185 mm×260 mm
印　　张：6.75
字　　数：146千字

出版时间：2012年7月第1版
印刷时间：2015年11月第5次印刷
书　　号：ISBN 978-7-5632-2710-5
定　　价：32.00元

前 言

为规范内河船舶船员基本安全和特殊培训管理，提高其安全知识水平和实际操作技能，保障水上人命和财产安全，保护内河水域环境，根据《中华人民共和国内河船舶船员基本安全培训、考试和发证办法》和《内河船舶船员特殊培训考试和发证办法》，按照新修订的《内河船舶船员基本安全和特殊培训考试大纲》，中国海事服务中心组织在内河船舶运输领域有着丰富教学和培训经验的专家重新编写了统一的内河基本安全和特殊培训教材，中华人民共和国海事局组织实践经验丰富的海事管理机构和船公司的专家对教材进行了审定。

在本套教材编写前，中国海事服务中心组织参编专家对内河船舶运输现状进行了广泛的调研和深入的讨论，确保教材内容符合船上实际，反映最新航海应用技术和最新法律、法规、规范和标准。教材编写体例新颖、图文并茂、通俗易懂、易于理解，符合内河船舶船员业务学习和技能培训的需要。本教材的创新模式对今后的内河船员基本安全和特殊培训具有重要的指导意义。

本套教材知识点紧扣考试大纲，具有权威、准确、系统、实用的特点，重点突出内河船舶船员实际工作中需掌握的知识，旨在培养船员具备在实践中应用知识的能力，并可作为工具书帮助船员上船工作使用。本套教材由基本安全、油船、散装化学品船、客船、滚装船、载运包装危险货物船系列教材等组成。

《客船船员安全知识与操作》适用于内河客船船员特殊培训使用。本书由陈晓翔、杨学辉主编，由中外运长航集团长江海外旅游总公司重庆旅游船公司高级船长邓礼扬主审。本书在编写过程中，得到交通部海事局韩杰祥、郭云峰两位同志以及重庆市东江实业有限公司谭建华同志等的大力支持和热情帮助，在此一并表示感谢！由于时间仓促，书中难免存在错误和疏漏，欢迎广大读者和专家批评指正。

中国海事服务中心

2012年3月

目录
CONTENTS

第一章

内河客船基本知识

第一节　内河客船的定义

要点

内河客船的定义有广义和狭义之分，在内河客船上工作的船员需要对此了解，载客船舶的良好技术性能和船员的良好操作技能是确保其安全的基本条件。

必备知识

用于载运旅客的内河运输船舶称为内河客船。内河船舶检验规范规定，除本船船员（包括在本船执行公务的工作人员）以外，乘员达到12人以上的船舶均属客船。内河客船一般具备较完善的生活设施和安全设备，以便旅客安全、迅速、舒适地到达目的地，载客船舶在营运过程中必须确保旅客乘船期间的人身安全，故要求客船必须安全可靠，具有良好的适航性、稳定性、抗沉性，有较快的航行速度。在比较大的河流上航行的客船，也载运少量的货物和旅客随身携带的行李等，该类客船一般又称为客货船。

1. 什么是内河客船？
2. 对内河客船的性能有哪些基本要求？

第二节 内河客船的分类

要点

内河客船的分类方法很多，主要根据其航行区域及航行时间长短、总吨位、用途等进行划分，虽然都是载客船，但各种内河客船的营运条件不同，营运用途也不完全相同。

必备知识

一、根据航行区域及航行时间对内河客船进行分类

按航行区域及航行时间长短可以将内河客船分为下列5类：

(1)第一类客船——长途客船，指自出发港至终点港，其逆水延续航行时间在24 h以上的客船。

(2)第二类客船——区间客船，指自出发港至终点港，其逆水延续航行时间在12 h以上至24 h的客船。

(3)第三类客船——短途区间客船，指自出发港至终点港，其逆水延续航行时间在4 h以上至12 h的客船。

(4)第四类客船——短途客船，指自出发港至终点港，其逆水延续航行时间在0.5 h以上至4 h的客船。

(5)第五类客船——横江渡船，指航行时间不长于0.5 h的客船。

二、根据总吨位对内河客船进行分类

按总吨位将内河客船分为下列3类：

(1)大型客船——总吨位等于或大于1 000 GT的客船。

(2)中型客船——总吨位在200至1 000 GT之间的客船。

(3)小型客船——总吨位等于或小于200 GT的客船。

三、根据用途对内河客船进行分类

按用途可以将内河客船分为以下6类。

(1)旅游船——主要供旅游者旅行游览用的内河客船。旅游船造型美观,生活设备完善,娱乐设施较全,既要满足旅游者旅游的要求,同时也可使旅游者达到疗养、度假、休闲娱乐、社会活动等目的。按舒适程度可分为豪华旅游船(图1-1)和普通旅游船(图1-2)两种,按航程长短又可分为短途旅游船和长途旅游船两种。

图1-1 豪华旅游船(高等级豪华涉外旅游船)

图1-2 普通旅游船(高等级国内旅游船)

(2)客货船——以载客为主,兼运少量货物的船舶(参见图1-3)。近年来,随着我国铁路、公路的建设,专门从事长途运输旅客的内河客货船已相继退出市场,目前该类客船主要以短途的形式存在。

(3)货客船——以载货为主,兼运少量旅客的船舶。

图1-3 客货船

(4)滚装客船——指可使所载货物通过自身的动力进出货舱并同时载运旅客的船舶。滚装客船船体结构的特点是甲板层数多,一般有2~6层。为使车辆在舱内通行无阻,货舱内不设横舱壁,舱内支柱也很少,因此,滚装客船的结构强度和抗沉性较差,多用于内河轮渡、中近程海运。

图 1-4　标准化滚装客船

（5）客渡船——指用于运送旅客及其随身携带物品的渡船（图 1-5），一般只设坐席。

图 1-5　标准化客渡船

（6）游览船——主要供游客短途观光游览的内河客船（图 1-6）。游览船外观造型美观，娱乐设施较全，载客量按船舶大小，少则几十人，多则 600 ~ 800 人不等。近年来，随着城市景观建设加快，夜间游览船也相继增多，如上海的浦江游、重庆的两江游所使用的船舶等。

图 1-6　游览船

扩展知识

高速内河客船和特种客船介绍

(一)水翼船

水翼船是由滑行艇演变和发展而来的新型船,见图1-7。船体与滑行艇相似,只是在船底部多装了前后两只水翼。水翼的断面呈机翼形状,在运动中水翼得到升力,而渐渐把船体抬起,这时水阻力减小。当航速达到一定值后,水翼升力大于船舶重量时,船体被抬出水面,但水翼还是离不开水面,船体摆脱了水的阻力,在同样主机功率下,速度比滑行艇更快,而且可以减少波浪对船体的冲击。其特点是吃水浅、阻力小,适用于内河、运河和内海的旅客运输。

(二)气垫船

水上航行船舶的前进是靠螺旋桨在水中将船舶推动,而全浮式气垫船则是完全脱离水面,它有点像船,又有点像汽车或飞机,如图1-8所示。

气垫船的原理是通过一个或几个鼓风机将空气送到船底下面,形成一个气垫,随着对水面压力的增大,整个船体离开水面,但侧壁还是离不开水面。空气垫的压力越大和艇底的面积越大,船的负载能力也越大。

气垫船分两大类型:一为全浮式,可以水陆两用,但只能用空气螺旋桨推进;另一种为侧壁式,只能在水上航行,不能登陆,可以采用水力推进。

目前,此种高速客船正逐步退出客运市场。

图1-7 水翼船

图1-8 气垫船

(三)双体船

双体船是由两只同尺度的瘦长船体在水线以上用中间连桥焊接在一起而组成的。它有双艏双艉,每个单位各装一部主机和一个推进器,行驶时同时运转。双体船有许多突出的优点:稳定性好,航行安全可靠;甲板宽敞,载重量大;操纵性好,回转灵活;若设计得当,则船体

阻力小，航速快；一般双体船单位客座的造价低。现应用于旅客渡船、客船、游览船、汽车或火车渡船及起重船、测量船等。图1-9为航行中的双体客船。

图1-9　双体客船

1. 按航行区域及航行时间长短可以将内河客船分为哪几类？
2. 按总吨位可以将内河客船分为哪几类？
3. 按用途可以将内河客船分为哪几类？
4. 高速客船有哪几种？

第三节　内河客船的特点

要点

内河客船的主要用途是运载旅客，无论是运载国内旅客还是国外旅客，其特定的用途与其他类型船舶相比，确保旅客安全是前提。因此，对内河客船的结构、设备和性能等有着特殊的要求。

必备知识

在我国具有代表性的内河客船是航行于长江干流的客船，内河客船最显著的特点主要有：

(1)船舶操纵性好。内河客船通常多为双桨双舵或三舵，适合于狭窄的内河航道。

(2)航速较快。现今江河湖泊的较大客船，航速多在20～30 km/h。

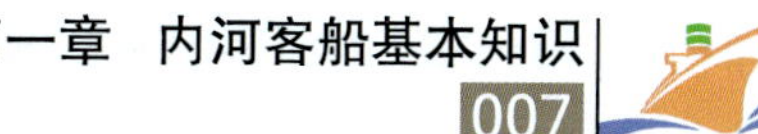

(3)载客量大,舱室等级多。一艘中型内河客船可以载客几百到上千人,内河客船的上层建筑常设不同等级的居住舱室,以满足不同层次旅客居住的需要。

(4)客船的抗沉、防火、救生等技术方面的安全要求较严格。

(5)减摇、避振、隔声以及各种生活设施等方面的舒适性要求较高。

(6)客船外形较美,功率储备较大。

(7)中途港口码头停靠频繁。

1. 内河客船具有哪些特点?
2. 内河客船与其他类型船舶相比,有哪些特殊要求?

第四节　船舶稳性的基本概念

要点

稳性是船舶非常重要的一个航行性能,船员应能了解这一概念的内涵,保持内河客船具有良好的船舶稳性,防止发生倾覆的危险,确保船舶及旅客的安全。

必备知识

船舶稳性,是指船舶受外力作用离开平衡位置而倾斜,当外力消除之后船能够自行地回复到原平衡位置的性能。船舶在停泊或航行中,经常受到风浪、水流、旅客集中一舷观景、集中一舷上下客等外力作用,使其离开原平衡位置而倾斜,当风浪减小或消失、旅客分散,船舶又由于其本身所具有的性能而回复到原平衡位置。因为船上的旅客会经常活动,风浪、水流也经常影响船舶,船舶一般都经常处于这种平衡与不平衡的往复运动之中。为了船舶的安全,需要船舶具有良好的回复到原平衡位置的能力。

船舶稳性过大时,船舶摇摆剧烈,船员工作生活不适,船上旅客容易出现晕船现象,船用仪器使用不便,且船舶结构受力过大容易造成损坏,更严重的是货物因剧烈摇摆而发生移动,使船舶出现较大倾斜,危及船舶安全;而船舶稳性降低,甲板易于上浪,船舶操纵困难,具有倾覆的危险性。

船舶稳性过小时，首先不能保证船舶具有抵御风浪的能力，导致船舶翻船；其次，影响船舶正常操纵。船舶在用舵转向或避让来船时，产生较大横倾角。另外，稳性过小时，船舶横摇周期增大，维持在倾斜状态的时间增长，给主、辅机工作状况带来不利影响。

稳性过大或过小都对船舶安全产生不利影响，因此在营运中，船舶应具有适度稳性，需采取必要措施保证船舶的适度稳性以满足其安全要求。客渡船在航行操作、日常管理中应注意以下几点：

(1)在正常航行转向操作时，尽量避免操急舵，选择风浪较小的水域航行。

(2)维持好旅客上下船秩序，旅客上船后，妥善安排旅客舱位，尽量做到左右平衡、上下平衡、艏艉平衡。

(3)装载货物时，重货在下，轻货在上，确保船舶具有良好的稳性。

1. 什么是船舶稳性？
2. 如何保证内河客船具有良好的稳性？

第五节　安全管理体系

要点

内河客船的所有人或经营人必须依据《中华人民共和国船舶安全营运和防止污染管理规则》的要求建立安全管理体系。体系建立必须充分考虑主管机关、船舶检验机构和水运行业组织建议适用的有关规定、规则、指南和标准。

必备知识

一、体系的概念及内容架构

安全管理体系(简称SMS)是指能使公司人员有效执行公司安全和环境保护方针的结构化和文件化的体系。安全管理体系相关文件包括安全管理手册、须知文件、程序文件和体系运行记录等。安全管理手册全面描述了公司的安全管理体系，阐述了公司安全和环境保护方针，规范了公司安全管理和防止污染的所有活动，明确了安全管理和防止污染的要求，是船公司法规性、纲领性文件。须知文件是对某项活动、某个岗位或操作所规定的并通过文件表述的具体要求。程序文件是为进行某项活动所规定的,用文件表述的工作程序。

二、体系的组成机构

进入安全管理体系的组织机构有总经理、指定人员、船务部、机务部、人力资源部、体系办和船舶。其中船务部设有经理、调度主管和消防主管3个岗位,机务部设有经理和机务技术监督员2个岗位。公司所属船舶均应严格按照国家法律法规要求足额配备船员。

三、体系的运行

(1)确保公司新聘人员在上岗前熟悉其职责。

(2)使公司所有从事安全和防污染工作的人员都能够接受安全管理体系培训。

(3)保证安全管理体系信息交流畅通。

(4)加强对船员的考核和管理,保证所配备的船员适任、健康。

(5)为船舶安全和防止污染的操作方案和须知的制定方法和要求,提供规范的操作。

(6)规范船上关键性设备及技术系统的标准、依据及方法,能使船员正确、快速地操纵设备及系统,避免发生事故,保障安全。

(7)保证船舶和设备得以维护保养,处于良好的技术状态。

(8)对船舶紧急情况的标明、阐述和反应提出标准和依据。

(9)确保不符合规定情况、事故和险情能够及时报告公司并进行调查和分析以便及时制定和实施纠正措施,验证纠正措施的有效性,防止同类情况再次发生,以改进安全和防污染工作。

(10)确保与安全管理体系有关的所有文件和资料处于受控状态,以便对各类文件和资料进行控制。

(11)为了确保安全管理体系得以持续、有效运行和改进,需定期对船岸进行监控检查、内部审核和有效性评价以及必要时的管理复查。

1. 什么是安全管理体系?它包括哪些内容?
2. 安全管理体系的组织机构有哪些?
3. 如何保持安全管理体系的持续有效运行?

第二章

内河客渡船基本安全知识

第一节　概述

要点

本节主要就内河客渡船、渡口等相关概念以及《中华人民共和国内河交通安全管理条例》、《渡口守则》等法律、法规对渡口设置以及渡船船员任职条件等内容作了概述，同时论述了在客渡船上工作的人员应掌握的相关知识。

必备知识

一、内河客渡船的定义

客渡船是指从一岸到另一岸，或一地到另一地单程航行时间不超过2 h，单程航行距离不超过20 km，从事短途运输旅客的船舶。根据《中华人民共和国内河交通安全管理条例》规定，渡口船舶应当持有合格的船舶检验证书和船舶登记证书，渡口载客船舶应当有符合国家规定的识别标志，并在明显位置标明载客定额、安全注意事项。

二、渡口的定义

渡口是指连通江河、湖泊、水库、陆—岛、岛—岛等水域两岸、起讫点固定、专门供运送客货（主要为客、车）的渡船停靠的人工构造及相应设施，包括码头、踏步、候渡棚、趸船及安全设施等为渡运服务的相关设施。

三、渡口的设置

根据《中华人民共和国内河交通安全管理条例》，设置或者撤销渡口，应当经渡口所在地的县级人民政府审批；县级人民政府审批前，应当征求当地海事管理机构的意见。渡口（参见图2-1）的设置应当具备下列条件：

（1）选址应当在水流平缓、水深足够、坡岸稳定、视野开阔、适宜船舶停靠的地点，并远离危险物品生产、堆放的场所。

（2）具备装卸货物、上下旅客的安全设施。

（3）配备必要的救生设备和专门的管理人员。

图2-1 标准化渡口

四、国务院《渡口守则》摘录

(1)渡口实行“五定”管理，即定渡口、定渡船、定航线、定乘客定额、定管理制度。

(2)渡船应持有合法有效的证书证照，确保消防、救生等安全设施设备齐全有效，并按规定办理乘客人身意外伤害保险。

(3)渡船船员应持有有效的船员适任证书，并持证上岗，自觉遵守水上交通法规，做到安全行驶、文明服务。

(4)遇洪水暴发、大风暴雨、浓雾能见度不良和停航、封渡水位等恶劣条件时，严禁冒险航行。

(5)严禁超额超载，严禁无证驾船，严禁人畜(指猪、牛、羊、马等大型牲口)混装，严禁酒后驾船，严禁将污水、垃圾排入水体。

(6)乘客应自觉维护渡运秩序，不得抢渡，不得携带危险物品上船。乘客应服从船员指挥，依次上下，客舱外严禁站(坐)人，防止发生事故。

(7)节假日、“逢场天”(集市日)乡镇(街道)应派员到所属渡口维护秩序，确保渡运安全(参见图2-2)。

图2-2 渡口守则

五、客渡船船员的任职条件

根据《中华人民共和国内河交通安全管理条例》、《渡口守则》等法律、法规，客渡船船员应满足下列条件方可任职：

（1）客渡船船员（或渡工）应当符合船员健康要求，经过内河船舶船员基本安全培训，并经海事管理机构考试合格，按要求申请船员注册，取得船员服务簿。

（2）客渡船驾驶员应当经过适任培训、考试合格，并取得船员适任证书。

（3）客渡船船员（或渡工）还必须经过当地海事部门的“特殊船员培训”，并取得合格证书，方能在船上任职。

扩展知识

标准乡镇渡口的“五定”及“三牌一线”：

五定——定渡口、定渡船、定航线、定乘客定额、定管理制度。

三牌一线——渡口守则牌、渡口公示牌、渡口警示牌和停航封渡线。

1.“定渡口”要求

（1）渡口的设置必须有合法的、完备的审批手续。

（2）渡口应具备供渡船安全靠泊及旅客上下船所必需的安全设施，并在明显处设置“渡口守则牌”。

（3）夜间渡运的渡口，应有必要的灯光照明设备。

（4）落实渡口安全设施建设和维修经费。

2.“定渡船”要求

（1）渡船必须经主管部门批准，经船检部门检验，持有效合格证书，在核定航区内从事渡运。

（2）渡船必须按规定标明船名牌、船籍港，配齐救生、消防等安全设备。

（3）船容船貌整洁、美观。

（4）落实渡船更新、改造和维修经费。

3.“定航线”要求

根据《中华人民共和国内河交通安全管理条例》，渡口船舶应当按照渡口所在地的县级人民政府核定的路线渡运。

4.“定乘客定额”要求

根据《中华人民共和国内河交通安全管理条例》，渡船应按船检部门核定的乘客定额载客，并在渡船的明显处标明载客定额。

5.“定管理制度”要求

根据《中华人民共和国内河交通安全管理条例》，渡口所在地县级人民政府应当建立、健全渡口安全管理责任制，指定有关部门负责对渡口和渡运安全实施监督检查。

渡船应建立安全管理责任制，乡（镇）政府、村（组）与渡口责任人每年签订安全责任书，并将安全责任落实到船、人。

思考题

1. 内河客渡船的概念。
2. 渡口的概念。
3. “内河交通安全管理条例”对渡口的设置有何规定?
4. 国务院《渡口守则》对渡口、渡船以及渡船船员有何规定?
5. 客渡船船员的任职条件。
6. 标准乡镇渡口的“五定”及“三牌一线”。

第二节 内河客渡船的安全管理

要点

本节主要内容包括:内河客渡船的航行与避让操作、客渡船装载要求及注意事项、船舶在突发事件时船员应怎样与旅客进行沟通以及内河客渡船紧急疏散旅客的注意事项等内容。实际操作时必须严格遵守《中华人民共和国内河交通安全管理条例》、《中华人民共和国内河船舶避碰规则》等法律法规的相关规定,不得违章操作,并运用良好的驾驶技术,确保客渡船的航行安全。

必备知识

一、内河客渡船的航行与避让操作

(一)内河客渡船航行必须具备的条件

根据《中华人民共和国内河交通安全管理条例》,内河客渡船航行必须具备以下条件:

(1)经海事管理机构认可的船舶检验机构依法检验并持有合格的船舶检验证书。

(2)经海事管理机构依法登记并持有船舶登记证书。

(3)配备符合国务院交通主管部门规定的船员。

(4)配备必要的航行资料。

(二)客渡船的航行与避让原则

1. 客渡船航路选择原则

客渡船航路选择应遵守《中华人民共和国内河船舶避碰规则》的相关规定,在天然河流航行,应按“上行沿缓流或航道一侧行驶,下行沿主流或航道中间行驶”的航行原则选择航路;在湖泊、水库、平流区域航行,应按“尽可能靠本船右舷一侧航行”的航行原则选择航路;实行船舶定线制的水域,按定线制规定选择航路;在港区水域航行,“港章”对客渡船航路有明确规定的首先应遵守“港章”的规定。

2. 客渡船的避让原则

《中华人民共和国内河交通安全管理条例》、《中华人民共和国内河船舶避碰规则》等法律法规对客渡船的避让均作了明确的规定,客渡船在避让他船时,必须严格遵守这些规定,确保安全。

(三)客渡船在横越时应遵守的规定

从河流的一岸到另一岸或航道的一侧到另一侧的渡运航线,决定了客渡船会经常作横越航行。因此,机动客渡船在横越时应遵守《中华人民共和国内河船舶避碰规则》关于机动船横越的有关避让规定。“内河避碰规则”关于机动船横越的避让规定如下:

(1)机动船在横越前,应注意航道情况和周围环境,在无碍他船行驶时,按规定鸣放声号后,方可以横越。

(2)横越船应当避让顺航道行驶的船舶,并不得在顺航道行驶船舶的前方突然和强行横越。

(3)同流向的两横越船交叉相遇,有他船在本船右舷者,应当给他船让路。

(4)不同流向的两横越船相遇,上行船应当避让下行船。

(5)在平流区域两横越船相遇,上行船应当避让下行船;同为上行或者下行横越船时,有他船在本船右舷者,应当给他船让路。

(四)客渡船在风浪中航行应注意的事项

内河客渡船一般抗风能力较差,在大风浪中航行容易失控甚至造成船舶倾覆等事故。所以,客渡船驾驶员应随时收听天气预报,掌握风力大小及发展趋势,当遇到大风等恶劣天气时不应开航。部分内河地区将客渡船抗风等级定在四级,各船应针对当地的气象和环境情况确定渡船开航的风力等级,确保船舶安全。在可以航行的风力条件下,船舶在开航前认真检查各种机器设备,确保正常运行。设有水密门窗的客渡船应提前关闭好门窗。航行中切忌横浪航行,防止船舶横向受波浪影响发生侧翻。顶浪航行时应适当减速,防止船舶高速迎波产生拍底现象,造成船体损坏,或造成甲板上浪、客渡船舱室进水等。当顺浪航行时,应适当加速防止尾波追击拍打船尾而产生摆尾现象,使船舶正常操纵受到干扰,影响船舶航行安全。

（五）客渡船在航行中突然遇雾的操作措施

客渡船在有雾的季节要随时收听天气预报掌握雾情，当能见度较低时不应开航，确保船舶安全。客渡船在航行中突然遇雾应立即减速、停车，并采取以下操作措施：

(1)及时利用岸标、浮标以及岸上可见物确定本船船位，防止失点，船上装有雷达、GPS等助航仪器的可利用其来确定船位。

(2)按规定鸣放声号。“两短一长声”是客渡船在能见度不良时使用的特殊声号，表示“我是客渡船”。

(3)若雾情较重，无法继续航行时则应选择安全水域停泊，严禁客渡船冒雾航行。

(4)维护好旅客秩序，做好旅客的安抚工作。

（六）客渡船通过施工水域时的注意事项

近几年，随着国家基础设施建设进度的加快，水上水下施工活动较多，采砂取石，跨河、临河施工等对通航水域的水流条件及航道条件造成很大的影响。船舶在通过前要认真瞭望，了解航道及水流变化情况，正确选择安全航路航行。在通过挖沙船附近时，要注意其抛锚定位的钢缆伸出的方向及长度，选择远离行驶，防止钢缆挂住螺旋桨、舵叶等而发生翻船事故。在通过围堰、丁坝施工水域时，要注意其水流的变化情况，防止因水流紊乱造成船舶失控，同时要注意因水下施工而出现的碍航情况，防止触礁。

2011年9月9日1520时，船名为“湘邵阳县K0018”的客渡船，从湖南省邵阳县塘田市镇下行2 km至向荣村水域，在航行途中，因挂住航道边挖沙船抛锚定位的钢丝绳，造成客渡船侧翻下沉、死亡12人的特大水上交通事故(参见图2-3)。

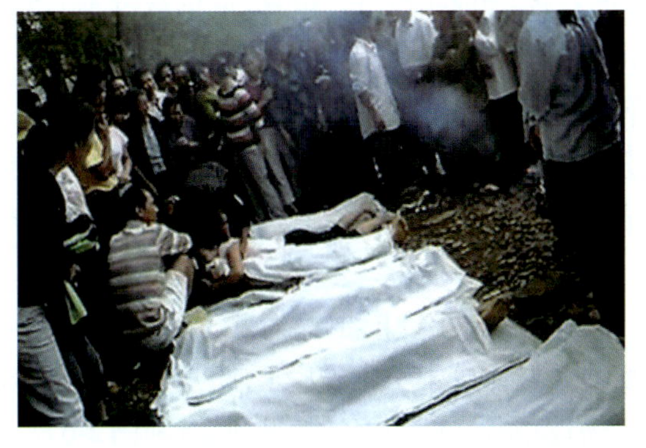

图2-3　邵阳事故船舶及人员伤亡现场

二、客渡船装载要求及注意事项

（一）客渡船载客时应注意的事项

1. 严禁船舶超载

在较多的客渡船事故案例中，船舶超载是发生事故的主要原因。一是船舶超载降低了船舶的操控性和抗沉性，容易发生船舶沉没或倾覆；二是船上的救生衣是按照乘客定额配备的，当船舶遇险时，不能满足超员部分的需求，部分旅客会因没有救生衣而失去救生的最后一道保险；三是船上旅客过多，形成拥挤，当船舶发生意外，特别是发生火灾时，人员无法及时疏散。所以，防止船舶超载是客渡船船员坚守安全防线的最重要使命，图2-4为有序疏散旅客的场景。

图2-4 有序疏散旅客，防止船舶超载

客渡船容易发生超载的时段主要是在节假日、赶场（集）天、婚丧嫁娶，以及学生上学、放学、开学、放假。旅客相对集中，人员不好控制。特别是婚丧嫁娶等情况，前来乘船的人往往是亲朋好友结伴而行，人员较多，很容易造成超载，船员一定要做好宣传工作，坚持不超载开航。

2. 注意装载平衡，使船舶保持正浮状态

乘坐乡镇客渡船的旅客往往带有较多的行李（如农副产品、粮食、瓜果蔬菜等），在装载时要注意合理摆放，保持船舶装载平衡，防止船舶发生倾斜。

3. 旅客不要过多集中一舷，防止船舶倾斜

客渡船在航行中，沿江（河）两岸有时会出现一些吸引眼球的“新奇事”，旅客往往会集中一舷观看。这样很容易造成船体倾斜，形成船舶不安全的航行状态，船员应及时地宣传和疏导。

4. 船舶平靠趸船时，前后系缆系结牢固后旅客方可上下船

客渡船在靠泊时，旅客往往会等不到缆绳系好便急于争先恐后上岸，这样很容易造成旅客失足落水，所以船员必须维持好秩序，待系泊稳妥后再上下客（参见图2-5和图2-6）。

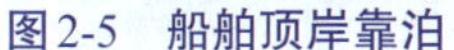

图2-5　船舶顶岸靠泊

图2-6　大型牲口的控制

5. 船舶顶岸靠泊时，需系妥缆绳后才能搭跳板上下旅客，严禁旅客蹦跳上下

客渡船在顶岸靠泊时，旅客往往会集中在船首等候下船，这样既不利于船首系泊操作也容易旅客拥挤落水。曾经有旅客为抢时间赶车，在船首将要顶拢岸边时便跳上岸而摔倒，而此时船已无法控制惯性造成船首挤压致死。所以船员应当控制好旅客在舱内等候，待缆绳系妥、搭好跳板和系好安全网后，才能组织旅客上下。

（二）客渡船装载特殊货物的注意事项

《渡口守则》对客渡船装载货物作出了"严禁人畜混装"的规定，这里的"畜"应是指猪、牛、羊、马等大型牲口。在装运大型牲口时，除牵引和控制牲口的必要人员外，其他旅客不得一同乘坐。在航行过程中，驾驶员要保持船舶平稳，不要造成左右横摇，同时在保证船舶安全的前提下，尽可能不要发出过大声响，避免惊吓牲口而发生失控。要嘱咐牵引人员控制好牲口，确保安全。

严禁载客渡轮装载危险货物。

三、船舶在突发事件时船员应怎样与旅客进行沟通

（1）当客船发生突发事件时，船员首先应考虑到旅客安全并进行必要的宣传、指挥和沟通。

（2）应用广大旅客能听懂的语言。

（3）对听力有困难的游客应用手势或其他方法传递信息。

（4）船员用语应以平和的心态、清晰的语音、有条理的顺序进行，以达到安定人心，维护秩序和正确指示旅客的目的。

四、内河客渡船紧急疏散旅客的注意事项

（1）内河小型客渡船可从船的左右或船头、船尾直接分批疏散旅客（参见图2-7）。

（2）疏散旅客时应考虑船舶稳性，防止旅客向船舶的一舷过度集中，防止船舶倾覆。

（3）疏散旅客时避免惊慌。注意疏散的顺序和秩序，要先旅客，后船员，最后船长；在旅客中，应先儿童、妇女、老弱病残，后普通旅客。

（4）船长和船员应组织旅客疏散。

图 2-7　客渡船旅客转移

思考题

1. 内河客渡船航行必须具备的条件。
2. 客渡船的航行与避让原则。
3. 客渡船在横越时应遵守哪些规定?
4. 客渡船在载客时应注意哪些事项?
5. 客渡船在风浪中航行应注意哪些事项?
6. 客渡船在航行中突然遇雾应如何操作?
7. 船舶在突发事件时,船员应怎样与旅客进行沟通?
8. 内河客渡船紧急疏散旅客的注意事项。

第三章

应急常识与风险预防

第一节　内河客船应急计划

要点

本节主要包括内河客船一般应变部署、应变部署表的编制、应变信号、应急出口和紧急指示、应变演习等内容，作为内河客船船员，只有掌握了这些知识，才能在船舶真正面临紧急状态时做到临危不乱，沉着应对，尽可能将事故损失降低到最低程度。

必备知识

一、内河客船一般应变部署制度

(1)内河客船的各种应变行动，在船长领导下，由大副负责执行。

(2)应变过程中，全体船员须以顽强的精神、高度的组织性与纪律性执行规定的任务。坚决服从命令，不得擅自行动或放弃职守。

(3)应变部署由大副(或驾驶员)制定部署表，明确分工。二类以下船舶由驾驶员负责制定。

(4)每个船员必须明白自己的职务和应变职责。

(5)客船在旅客舱及旅客常到处所，除必须张贴救生衣、救生浮具、救生圈使用方法图表外，还应设置指示旅客通往救生艇搭乘地点、经由路线图表及标志，分别用文字说明。

(6)应变部署表经船长批准后，必须向全体船员公布，并在全船各公共场所张贴公布。

(7)船员调动或增减对部署表有影响时，由大副及时调整，以免造成有些应变任务无人担任，影响整个部署行动的进行。

(8)船舶遇难时，若情况严重本船无能力迅速施救，应按规定发出求救信号。

(9)船舶必须按规定数量配置应变器材设备，并按有关规定进行养护和定期检查，使之随时处于良好状态。

(10)应变部署所规定的各项任务，如消防、进水抢险、人落水营救、救生等，应在船舶定期举行的演习中作出具体安排进行训练，从而提高船员的应急行动能力，确保在船舶真正发生意外时做到临危不乱。

(11)客船在演习前应向旅客作一次普通宣传，如果因演习前宣传不够而造成旅客遇到

演习时发生惊慌失措，甚至造成人命死伤事件者，船长、大副及客运部负责人员等应承担相应责任。

二、应变部署表的编制

船舶所处的环境复杂多变，随时可能发生各种危及船舶和人命安全的紧急事件。为了避免严重后果，把损失降到最低程度，每一船舶都应根据人员状况、本船设备状况，编制应变部署表，明确规定每个人在紧急情况下应到达的岗位及执行的任务。定期进行各种训练和应变演习，使预定方案变成船员的本能，从而在发生紧急情况时能迅速协同抢救，正确熟练地使用各种应急设备，有效地控制局面。

（一）应急时人员的分工

紧急情况下，船上每位船员都有明确的分工，具体任务有：

（1）船上水密门、防火门、阀、流水孔、船舷小窗、天窗、舷窗和其他类似开口的关闭。

（2）救生艇筏及其他救生设备的配备。

（3）救生艇筏的准备工作和降落。

（4）其他救生设备的一般准备。

（5）集合旅客。

（6）通信设备的准备。

（7）指定各防火区域的消防队人员。

（8）使用消防设备及装置方面的专门任务。

（二）船员应急职责分配的原则

在紧急情况下，船员具体职责的分配应遵循下述原则：

（1）关键部位、关键动作派得力人员。

（2）根据本船情况，可以一职多人或一人多职。

（3）人员编排应最有利于应急任务的完成。

例如，发生火灾时，二副为消防队队长。二副和水手长可根据不同性质的器材划分若干小组，如负责二氧化碳站和灭火系统小组、负责水灭火系统小组、负责手提式灭火器小组等；在灭火中若某类器材不适用，可将该组人员充实到其他各组执行任务。

又如，发生船舶漏损进水时，现场指挥大副率领堵漏队和隔离队的队长，迅速查明漏损部位、损坏情况和进水量等，立即报告船长确定施救方案，指挥各队人员投入补救；木匠测量水舱、压载舱、污水沟等的液位，二管轮测量油舱液位，大副率人测定破洞的位置、大小及进水情况；堵漏队在水手长和三管轮的领导下，直接担负堵漏和抢修任务，实施行之有效的堵漏措施。

应变部署表用主管机关规定的统一表格填写，其格式如表3-1～3-4所示。

表3-1 消防应变部署表

消防应变部署		
编号	执行人	消防应变部署分工
1	船长	总指挥,向指挥中心报告,发警报
2	驾驶员	现场指挥
3	轮机员	关断电源,启动抽水泵并开阀及连接后,协助或负责船尾水手工作
4	水手(1)、机工	使用灭火器材(含水龙带)
	水手(2)	使用沙箱、水桶、太平斧
5	服务员	负责维持秩序,安抚旅客,稳定旅客情绪,疏散乘客

表3-2 船舶进水应变部署表

船舶进水应变部署		
编号	执行人	堵漏应变部署分工
1	船长	总指挥,向指挥中心报告,发警报
2	驾驶员	现场指挥
3	轮机员	启动抽、排水系统
4	水手、机工	使用堵漏器材进行堵漏
5	服务员	负责维持秩序,安抚旅客,稳定旅客情绪,协助堵漏

表3-3 营救落水人员应变部署表

营救落水人员应变部署			
编号	执行人	营救人落水应变部署分工	
		航行中分工	停泊中分工
1	船长	总指挥,向指挥中心报告,发警报	总指挥,向指挥中心报告,发警报
2	驾驶员	现场指挥	现场指挥
3	轮机员	协助施救	准备救生用具及负责照明
4	水手(1)	抛救生圈,瞭望	抛救生圈,瞭望
5	水手(2)、机工	放艇,施救	放艇,施救
6	服务员	负责维持秩序,备好保暖、急救设备	负责维持秩序,备好保暖、急救设备

表3-4 弃船应变部署表

弃船应变部署		
编号	执行人	弃船分工
1	船长	总指挥,向指挥中心报告,发警报,携带航行日志及船舶有关证件及资料
2	驾驶员	现场指挥
3	轮机员	关闭有关设备、阀门,携带轮机日志
4	水手(1)	做好紧迫靠泊及抢滩时的船头工作,并协助在船前部疏散乘客
5	水手(2)	做好紧迫靠泊及抢滩时的船尾工作,并协助在船后部疏散乘客
6	服务员、机工	维持秩序,安抚旅客,稳定旅客情绪,通知旅客穿好救生衣准备逃生

三、应变信号

各种应变信号由警报器、汽笛或号笛发出,在船舶驾驶台发出,全船所有起居处所及正常船员工作处所应能听到。

我国现行的应变信号:

1. 求生(弃船)······ —(六短一长声,连放一分钟)

2. 失火乱钟或连放短声汽笛一分钟

(1)前部失火,乱钟后敲一响或连放短声汽笛后一长声。

(2)中部失火,乱钟后敲二响或连放短声汽笛后二长声。

(3)后部失火,乱钟后敲三响或连放短声汽笛后三长声。

(4)机舱失火,乱钟后敲四响或连放短声汽笛后四长声。

(5)上甲板失火,乱钟后敲五响或连放短声汽笛后五长声。

3. 进水 — —·(二长声一短声)

4. 人员落水 — — —(三长声)

(1)人员左舷落水 — — —··(三长声二短声)。

(2)人员右舷落水 — — —·(三长声一短声)。

5. 解除警报 —(一长声)

四、应急出口和紧急指示

应急出口、逃生路线、应急通道直接关系到旅客顺利到达集合地点和登上救生艇筏,所以在应急中显得十分重要。

(一)集合地点

1. 对集合地点的要求

集合地点主要供弃船时使用,弃船集合地点的选择应:

(1)设在容易从起居处和工作场所到达的地方。

(2)靠近救生艇筏登乘地点。

(3)能容纳指定在该地点集合的所有人员。

(4)通往集合与登乘地点的通道、梯道和出口应有应急照明。

(5)从逃生通道到集合地点,应用集合地点符号及逃生通道方向指示符合引导和指明。

(6)应能将担架上的病人抬往撤离地点。

2. 集合地点标志

集合地点的引导和指示符号如图3-1 ~ 3-6所示。

图3-1为集合地点标志符号,其右边的英文字母表示集合地点的编号。图3-2为登乘站标志符号,右边数字表示登乘站编号。图3-3为方向指示符号,其左边应加上适当的标志符号。图3-4为应急出口方向指示符号。图3-5为出口标志符号。图3-6为应急出口标志符号。

图3-1　集合地点

图3-2　登乘站

图3-3　方向指示

图3-4　应急出口方向指示

图3-5　出口

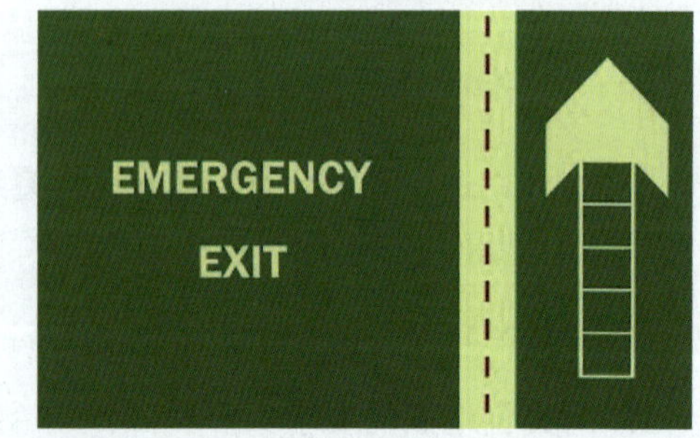

图3-6　应急出口

（二）逃生路线的要求

（1）逃生路线应事先确定，并在每一段路程的拐角处标以明显的引导标志符号。

（2）在客房和客人经常活动的重要场所，应张贴逃生路线示意图，使旅客都能了解在各种紧急情况下的逃生路径。

（3）确定逃生路线时，应当根据本船特点，考虑火灾、船体破损进水、严重横倾等可能的紧急情况。

（4）为了保证人员安全和便于抢救船舶，逃生路线应为多条。

（5）如果不同的紧急情况有不同的逃生路线，则应当用不同的颜色区别。同一紧急情况下的不同逃生路线应用同一颜色标示。

（6）船方应当使船员熟悉逃生路线，包括通过培训和考核的形式使船员熟悉重要场所乃至全船的逃生路线。有梯道的船员应当牢记梯道台阶数，以便在紧急情况时能迅速通过。

（7）居住或工作在某场所的人员，应时常留意逃生路线是否畅通，一旦发现有妨碍撤离的故障或障碍物，应立即清除使其保持畅通。

（三）帮助旅客逃生的技巧

当内河客船面临危险时，如何帮助旅客逃生，作为在内河客船上工作的船员应掌握最基本的技能和方法，应在各种应变演习中进行相关训练。对于被困在高层船舱、甲板的旅客，当无法通过梯道逃生时，可利用舷梯、缆绳从舷外将旅客转移至安全地方，如果高度较低（4 m以下），也可以帮助旅客穿妥救生衣后选择安全水域跳水逃生；在船靠岸后，应及时使用简易跳板转移旅客（参见图3-7）。

图3-7　利用简易跳板转移旅客

五、应变演习

大量的案例表明,内河客船水上交通事故时有发生,应急状态的出现极易产生灾难性的严重后果。因此,组织逼真的演习,使每位船员能够熟练掌握和使用各种设备,快速反应,快速处置,保持足够的戒备。

(一)应变演习的重大意义

每个船员,特别是船上的高级船员,尤其是船长、轮机长和大副必须清楚地认识到,船舶定期举行应变演习是船舶、旅客、船员安全的重要保证,是贯彻船舶安全管理规定、提高管理水平的一项重要工作内容,是检验船舶安全管理工作好坏、应变意识强弱、应变实际能力高低以及实际应变组织工作是否合理的重要标准。

(二)应变操练计划

1. 制订合理的应变操练计划

各船必须按规定制订适合本船应变要求的操练计划。每年由大副和轮机长具体商定,按船长指示制订出该计划,并由船长批准在全船公布,全体船员应坚决贯彻执行。

2. 客船的消防救生演习

客船应定期进行救生、消防演习,在演习过程中应吸收旅客参与其中。

3. 弃船演习的内容及注意事项

(1)内容。①发弃船警报,召集旅客、船员至集合地点。确使他们了解应变部署表中规定的弃船命令。②向集合地点汇报,准备执行应变部署表所述任务。③查看旅客、船员穿着是否合适。④查看是否正确穿好救生衣。⑤完成降落准备工作后,至少降下1艘救生艇。⑥启动并运转救生艇发动机。⑦运转降落救生筏所用的吊筏架。

(2)注意事项。①救生艇应逐次放下,演习按实际应变情况进行。②每次演习,应试验集合与弃船所用的应急照明系统。③每个救生艇至少每3个月进行1次落水面操纵。④演习细节记入航行日志。

(三)实施应变演习的基本要求

(1)应变演习应贯彻从实际出发,按应变部署表一丝不苟地完成应变操练计划,演习过程必须严肃认真,不走过场。

(2)船长及各部门负责人,应熟悉相应的应变指挥业务,具备实际指挥能力,胜任有效组织船员和指导船员进行应变演习的工作,身教重于言教。

(3)应变演习可单项进行,但不能取代综合应变或弃船演习。无风浪的白天,在气温适当的条件下易于实施应变演习。但不得以此代替有风浪、黑夜、冷天、热天条件下的应变演习。

(4)每次应变演习应检查救生艇属具并确保其完好。各救生艇轮流在救生演习中使用,每艘艇于3个月之内至少放出1次。条件许可时将艇降至水中并进行操艇练习。务必使船员通过演习彻底了解、熟悉其各自应执行的任务。

(5)各次应变演习应详实地记入航行日志,内容包括演习日期、位置、演习内容细节、放出和降下救生艇所用时间、艇筏及其属具技术状况、消防设备及消防用品、堵漏设备及堵漏工具的情况。

（四）内河客船应变演习时容易忽视的问题及注意事项

（1）部分船员在演习时认为演习就是演戏，不认真对待，行为上走过场，不按应变部署的要求携带工具，这样在船舶真正发生事故时，不能迅速及时地按要求参与救援。

（2）有些船舶在演习时，往往是所有参演人员集结在一个固定的地方待命（如船首、上层甲板等），而不是按应变部署，在各自的岗位履行自己的职责。

（3）在演习过程中，涉及旅客从上向下转移，船员从下向上参与救援，会在梯道上交遇而发生拥挤的情况，所以在演习时应有序组织旅客、船员上下各自靠右的行动路线，避免因拥挤而发生摔倒、踩踏事故。

（4）在火灾事故中，大多数的死亡者是因浓烟进入呼吸道被呛晕而失去奔跑能力，最终导致被火包围致死。因此，在消防演习中，一方面要教会旅客利用身边的塑料袋、口杯等容器吸纳新鲜空气后用手捂住，在奔跑中换气，另一方面需要模拟在浓烟状态下俯身奔跑。

（5）很多内河客船在演习时不进行舷外通风口盲板和防火门的关闭演练，不进行救护伤员演练和快速穿着防火服演练。

（五）应变演习的评估

每次应变演习完毕后作出认真总结，对成绩及暴露出的问题两个方面和应变演习的效果作出评估，评估（参见图3-8）内容主要包括：

（1）应变意识方面。各岗位人员是否在演习信号发出后迅速作出反应，是否能按照应变部署表的要求采取行动。

（2）应变部署方面。应变部署的实施依据是应变部署表，因此，对应变部署的评估不能不涉及应变部署表的编排质量。

（3）应变所涉及的工具、属具、设施、设备的使用情况。船上的消防、救生、堵漏、通信设备、设施、装置、用品及工具应保持随时可用的良好技术状态，在应变演习的评估中应占有重要地位。

（4）模拟仿真程度。应变演习的目的是为了实际应变，绝不是、也不应该是为了做样子看，搞花架子。应变演习的评估，归根结底应以其相当于实际应变的模拟程度的高低为标准。

图3-8　演习评估

模拟程度的高低，固然应顾及到应变意识的高低，应变部署的可行性，应变设备、设施、装置、物品、工具是否处于良好的技术状态，然而更需顾及到的是按应变的要求去实施应变演习。必须做到：应当使用灭火器的就必须使用；应当放艇的就必须放出或落下救生艇；应当谁做的谁必须去做，要求做什么和怎么做，应必须按要求做好。不如此就很难实现应变演习的最终目的。

不能认为不放艇的救生演习、不按规定携物的弃船演习、不施放灭火剂的灭火消防演习、不做船舶机动的人落水救生演习等是合格的应变演习。

1. 内河客船一般应变部署有哪些规定?
2. 如何编制内河客船的应变部署表?
3. 船员常用的应变信号有哪些?
4. 客船的应急出口和紧急指示是怎样标示的?
5. 内河客船的应变演习是如何组织的?

第二节　应急行动

要点

本节主要包括防止人员落水及人员落水的营救；防火与灭火；内河客船发生碰撞、触礁或搁浅的行动；防风灾与大风浪中航行；弃船抢险时的行动和将旅客转移至救助船的行动等内容。对内河客船而言，首先是要尽量避免各种险情的发生，做好事故预防工作；其次是当船舶一旦发生这些险情，必须采取正确的应急行动。

必备知识

一、防止人员落水及人员落水的营救

（一）人员落水的预防

人员落水险情是指船舶发生事故、船员和旅客发生意外或其他原因造成人员落水的险情。

(1)对于内河客船而言，一旦发生事故，如果旅客秩序维持不好，性急的旅客就会跳水求生。因此，客船发生事故，必须维持好旅客秩序。

(2)供船员、旅客上下船的跳板必须安装防止人员落水的安全网，跳板垫有防滑的垫子，旅客在上下船的过程中需安排足够人员维持好秩序，特别要关注老弱病残孕旅客。

(3)加强旅客在乘船期间的安全教育，严禁旅客攀爬栏杆或在舷边打闹、追逐，有小孩的旅客需时时照看好自己的小孩。

（二）人员落水的营救

1. 发现者的行动

(1)船员发现有人落水，应立即抛出救生圈或其他浮具营救，如果可能，夜间应抛出带自亮浮灯的救生圈，日间应抛出带自发烟雾信号的救生圈，以便指示落水者的位置。

(2)向驾驶室高呼："有人从×舷落水"，并用手势指明哪一舷落水或用哨子发出警报，注意跟踪瞭望。

2. 本船的行动

(1)驾驶室获知有人落水后，应及时发出"有人落水"的警报，立即停车和向落水者一舷操满舵。

(2)指定人员到高处瞭望，夜间应打开探照灯寻找。

(3)执行营救人员应迅速放出救生艇，艇长应携无线电对讲机，根据总指挥命令在现场指挥放艇，船艇之间须以各种方法保持通信联络。

(4)乘警及客运部人员要维持旅客的秩序，做好安抚旅客的工作。

(5)施救落水人员时，应根据河面风浪情况，尽量让落水人员处在下风舷侧救助上船。

(6)在营救过程中，船长一方面要积极营救，另一方面要注意本船的安全，以防顾此失彼，扩大损失(参见图3-9)。

图3-9　救助落水者

二、防火与灭火

（一）船舶火灾的预防

据不完全统计，船舶火灾事故占水上交通事故总数的11%，居第四位，但所造成的损失排在所有水上交通事故之首。我国港航系统平均每年发生船舶火灾事故约24起，所造成直接经济损失超过1 000万元。提高内河客船火灾预防与控制的高效性和实用性，实现减少甚至避免内河客船火灾事故发生的可能性，主要措施和手段有：

1. 重视船员消防素质的提高

人为因素在船舶消防安全管理中起着主导作用，要预防和控制船舶火灾的发生，首先要解决“人”这个要素，着重提高船员的船舶消防素质。提高船员的船舶消防素质是相对复杂的工程，需要从船员自身技术状况及工作条件和管理培训等方面加以解决。在船舶火灾预防与控制模式中解决人为因素不能简单地孤立地进行，而是要在提高船员的船舶消防素质的同时，其他要素也要相应得到提高和完善。

（1）加强船员的船舶防火安全意识的教育，提高船员预防和控制船舶火灾发生的自觉性（参见图3-10）。

（2）重视船员消防知识和技术水平的提高，使船员在船舶火灾的预防与控制中真正起到主体的作用。

（3）加强船舶消防安全的监督和检查，使船员潜意识地重视船舶火灾的预防与控制。

2. 加强船舶消防硬件设施的建设

船舶消防设备是船舶消防的硬件设施，为了发挥船舶消防设备的正常作用，应该加强船舶消防硬件设施的建设，重视船舶消防设备的维护和保养，使其处于随时可用的状态。船公司和船舶都应根据要求制定切实可行的措施，对船舶各种消防设备进行定期的检查、维护和保养。通过检查还能及时发现消防设备存在的问题，并及时地加以处理，确保船舶消防设备处于随时可用状态。

3. 消除船舶火灾隐患

船舶是船舶火灾预防与控制的终端，处在船舶火灾预防与控制的第一线，任何管理不当和操作失误都可能发生严重后果。在公司管理、船况、船员配备既定的情况下，船舶火灾预防与控制取决于全体船员，尤其是高级船员应切实执行公司、国内、国际有关防火安全规定。船舶火灾预防与控制应以人为本，充分发挥人的主观能动性，及时消除船舶的各种火灾隐患，落实具体的防火措施，严格控制燃烧的三要素，避免违章用火，严防设备老化或使用不当引起的火灾。

4. 加强对旅客的消防知识教育

利用广播、音像、图片、挂图等形式，加强对旅客的消防知识的教育，严禁旅客携带易燃易爆物品上船，加强旅客在乘船期间的防火管理。

图3-10 消防知识教育

（二）火灾应急基本常识

船员在应急救援的过程中应当保持镇静，沉着应对，做到临危不乱，同时应具备以下基本常识（参见图3-11）：

（1）每位船员都应当熟记每层楼梯的台阶数。因为当船舶真正发生火灾时，首先是要关掉电源。应急通道上只有应急灯照明，客人和员工都会在梯道上跑动，如果每位船员都能熟记船舶每层楼梯的台阶数，在引导旅客上下梯道撤离时，就不会造成梯道拥挤和混乱。

（2）不管是演习还是实战，没有戴防火面具的船员，都应当准备一条湿毛巾，当遇到烟火时，将湿毛巾三折，捂住口鼻，以防止被烟雾呛晕。

（3）当发现船上某个部位发生初期火灾时，应立即扑灭，不要贻误时机。当发现关闭的客房门缝在冒出浓烟时，不要立即打开客房门，要在准备好灭火机、水龙带后（最好用防火绳

将持灭火机、水龙带的人员栓上,派专人拉住)再开门灭火。因为,客房内出现浓烟的原因是室内氧气不足,如果贸然开门,氧气及时补充,火焰会迅速扩散;同时,在开门的瞬间会有一种吸力,可能会将灭火人员带进,造成危害。

图3-11　应急基本常识宣传

(4)船员在任何紧急情况下,都应当保持镇静,特别是在旅客面前保持镇静,尤为重要。船员的表情会影响到旅客,避免造成旅客恐慌,以便有序疏散旅客。

(三)发生火灾时的行动

1. 发现者的行动

不论航行或停泊中,当发现火灾时应采取如下措施。

(1)如果火势较小,应立即用附近灭火器具扑灭,并报告火情。

(2)如果火势较大,不能立即扑灭时,应大声呼喊,"××处失火",并启动报警器,以便驾驶室或值班驾驶员及时向全船发出警报(参见图3-12)。

(3)关闭舱室及附近的门窗,采取隔离措施,防止火势蔓延。

(4)观察火情,等待灭火队伍。

图3-12　火灾报警

2. 本船的行动

(1)当火灾警报响起之后,船长应指令驾驶员或轮机员查明火势,确认后向全船发出警报。

(2)火灾警报发出后,应按部署表规定到达各自岗位。

(3)广播应立即发出通知,船上有外籍客人,应备有各国语言的广播通知单。

(4)维持旅客秩序,引导旅客从失火场所和附近区域撤离。

(5)航行中发生火警时,船长应首先弄清风向和着火部位,操纵船舶转到适当位置,使火势背风,避免火势蔓延。

(6)当火势继续扩大危及旅客、船员生命安全时,应立即在附近安全地抢滩,并一面组织撤离旅客,一面继续灭火。

(7)当局部单元客房发生火灾无法控制时,应采取外围冲水冷却的方法将火势控制在一定范围,防止火势蔓延。

(8)港区内发生火灾,应及时拨打“119”报警,争取港口公安消防部门的救援。

图3-13为船舶火灾事故现场。

图 3-13　船舶火灾事故现场

三、内河客船发生碰撞、触礁或搁浅的行动

（一）发生碰撞后的行动

当船舶已经发生碰撞，驾驶人员必须保持镇静，沉着应对碰撞局面，全面考虑人命、船舶和环境的安全，在措施上必须做到不延误应变时机，要避免惊慌失措、顾此失彼而扩大损失（图3-14为船舶碰撞事故现场）。

（1）船长应立即评估碰撞的势态并采取有效措施防止势态扩大；测定船位，指令船员到碰撞部位勘查；向就近主管机关和公司值班室报告，决定是否需要外援。

（2）若有人落水，命令施放救生艇筏救人；向旅客通报碰撞情况，安抚旅客。

（3）驾驶员查看碰撞现场，判断船舶可能受到的损坏并向船长报告；指挥施放救生艇/筏/圈和营救落水人员以及现场堵漏等工作。

（4）轮机员监视主、辅机的正常运转，协助船长广播及通信联络等工作；监视各舱底水位，经船长同意，启动水泵排水。

（5）普通船员按驾驶员或轮机长指示，到现场堵漏、抢救、抢修；维持客舱秩序，安抚旅客，救护受伤旅客。

图 3-14　船舶碰撞事故现场

(二)发生触礁或搁浅后的行动

触礁是指船舶在航行中触碰礁石、水上物体或冰块等，造成船舶破损、漏水或沉没的意外事故；搁浅是指船舶搁在因误入水深小于其吃水的浅滩上或因故搁在河床浅滩处，失去浮力，不能行驶的事故。

船舶发生触礁或搁浅，使船体、机械设备和货物等遭受损失，甚至会导致人身伤亡、阻塞航道等一系列恶性事故的发生。在水位变化较大的河段搁浅，如果不能及时脱浅，将使船舶搁置在沙滩或礁石上，可能造成船舶折断、倾覆、沉没等恶性事故(图 3-15 为船舶触礁事故现场)。

(1)切忌盲目动车。船舶在刚搁浅或触礁后，因情况不明，若盲目动车，可能导致船体、螺旋桨和舵受损加重，即使能够脱浅或离开礁石，也可能再次搁浅或触礁，如果搁置在礁石上，则还可能扩大破损，致使大量进水而倾覆或沉没。

(2)按规定显示信号。船舶搁浅后，应按《内河避碰规则》的规定，白天显示号型(在桅杆的横桁上垂直悬挂三个黑球)，夜间显示号灯(锚灯与垂直两盏红色定光灯)，引起周围船舶注意。

(3)紧急报告。船舶发生搁浅或触礁后，应立即报告船公司和海事机构，如实记载航行日志，与船公司及海事机构保持联系，以取得指导及援助。

(4)水密工作。船舶发生搁浅或触礁事故后，应立即安排人员检查或关闭与河底相通的水密门盖。

图3-15　船舶触礁事故现场

(5) 调查情况。①弄清搁浅或触礁的部位。②查清船底破损及进水情况。③弄清船舶吃水和周围的水深及底质。④观察水位与潮汐。⑤查清螺旋桨、舵及其动力的情况。⑥关注未来天气情况。

(6) 固定船位、保护船体。

(7) 制订脱浅方案。

四、预防风灾与大风浪中航行

(一)船舶风灾事故的预防

风灾是指船舶遭受强风暴袭击并造成损失的事故。风灾事故不仅可能使船舶上层建筑破坏、船舶进水、操纵失控，严重的还会导致船沉人亡(图3-16为船舶风灾事故现场)。造成船舶风灾事故的主要因素有：

(1)强风袭击。航行长江中、下游和靠近沿海地区的客船，特别是大型旅游客船上层建筑丰满，受风面积大，风对船舶影响特别大。

(2)忽略安全工作，追逐经济利益，违反水上安全管理法规，超载运输。

(3)船员技术素质差，选择锚泊位置不当，在风增大的情况下操作不当。

(4)不能遵守按时收听天气预报的规章制度，未掌握水文气象知识和信息。

(5)船体抗风浪能力差。

要有效地防范船舶风灾事故的发生，除水上安全主管机关要加大法规宣传力度及现场监管力度外，船舶单位、广大船员还必须时刻树立“安全第一、预防为主”的原则，在加强专业知识培训、提高操作技术水平的同时，更要遵守水上交通法规及有关规章制度，严格内部管理。

图3-16　船舶风灾事故现场

(1)及时收听天气预报，认真落实大风来临之前的检查制度，关闭好水密门窗，加固封舱、捆绑好甲板上货物。

(2)严禁超载航行、超航区航行、超抗风等级航行。

(3)船舶大风浪中航行，要密切注意因波浪引起的船舶横摇、纵摇、横荡、垂荡，采取改变航向和降低航速等安全有效的船舶操纵措施，控制船舶对波浪的相对运动，尽量减少船舶的摇荡。

(4)及早寻找安全锚地避风，在选择锚地避风时，应选择上风锚地，同时考虑锚地水深、底质及旋回余地，加强值班，勤测锚位，随时观测，防止走锚。

(5)停在泊位的船舶，为避免在大风浪里冲撞码头，必要时应驶离到锚地避风。

(二)大风浪中的操船措施

船舶在大风浪中航行，无论与风浪处于何种相对位置，都会给操纵带来困难，应尽量避免船舶作横浪航行，大风浪中操船必须在确保安全的前提下进行，必要时抛锚避风，等待时机再续航。主要的操船方法有：

(1)顶浪航行。船舶在保证必要的舵效前提下，尽量降低航速，减少波浪对船舶底部的冲击力。

(2)顺浪航行。操控船舶使航速稍大于波浪速度，这样既能避免艉淹，又能保持舵效。

(3)偏浪航行。保持船舶主航向与风浪方向成20º～40º夹角的航行方法。

(4)滞航。以能保持舵效的最小速度，将风浪置于船首2～3个罗经点的方位上顶流前进的方法。

(5)顶风顶岸稳船。当风力太大,船在航行中无法控制船位时,可选择土质陡岸,用微车控制船首顶风顶岸稳船。

五、弃船抢险时的行动

当船舶发生意外事故严重受损,处于沉没、倾覆、爆炸等严重危险情况,船长认定危及船舶和旅客的安全时,船长应宣布弃船。

(1)立即向就近主管机关和公司报告出事地点、情况和采取的措施;发出弃船警报,六短一长声,连续一分钟。

(2)安抚旅客,发出旅客穿上救生衣和放下救生艇筏的命令。

(3)打开所有的应急逃生门,引导旅客到集合地点或登艇地点,准确无误地清点人数。

(4)操纵船舶到适当的位置,有利于进行救助工作。

(5)维持旅客撤离秩序,带领乘客有秩序地离船登艇,并重点照顾伤病员、残疾人、老年人和儿童的撤离。

(6)在有外援救助时,指挥船员,组织旅客先登上救援工具。

(7)停止主机运转,关闭燃油泵等有关阀门和停止运转所有机械设备,尽可能使主机等设备不受损坏,以便重新登船时抢救船舶。

(8)待旅客和船员全部登艇后,船长携带船舶证书、航行日志和国旗,最后一个离船。

六、将旅客转移至救助船的行动

(1)操纵遇难船使之处于便于救助势态。船长应当根据当时环境、水域、气象、水流及本船的情况,操纵船舶使之有利于救助船的救助行动。①操纵遇难船使撤离口处于下风侧,并在下风侧留出足够的水域和水深供遇难船放救生艇或救助船靠泊。②应尽量操纵船舶,减少风、流、浪等的影响。使船位尽量处于陆地、高山等的下风或河道缓流等地方;如果救助船吨位较大时处于上风侧,吨位较小时处于下风侧。③尽可能使船位固定,以便救助。比如采取抢滩、抛锚等措施。

(2)选择好系靠点。系靠点尽量避免在艏艉,最好在船中比较平直处;避开船体损坏部位、险情发生区及易损坏的部位附近。

(3)保持救助船与遇难船之间有效的通信联系,保证系靠行动的协调。

(4)系靠过程中,应收进里舷所有突出的活动部件,两船里舷应准备好碰垫。

(5)两船并靠后,应尽快系好缆绳,固定位置。如果可能,可搭上跳板,并使其固定,跳板两侧应作适当防护,跳板两端应有专人照应,以防旅客摔倒及落水。同时给需要的旅客予以帮助。

(6)旅客如需经过无护栏的舷边走向撤离口,应做好防止旅客落水的措施。

(7)旅客应在统一指挥与安排下,分批有序地进行转移,做到艏艉、左右平衡撤离,保证船舶稳性,防止倾覆。

(8)在转移旅客时(图3-17为旅客转移至救助船现场),应充分考虑救助船载员定额的限

制，保证救助船及旅客的安全。

(9)转移旅客的过程中，应注意控制好暂未撤离的人员。防止某些旅客不听从指挥与安排，争先撤离，甚至跳水向救助船泅渡等情况。

图3-17　旅客转移至救助船现场

1. 内河客船防止人员落水有哪些措施？
2. 船舶一旦发现有人员落水，应如何行动？
3. 简述内河客船火灾预防的措施。
4. 船舶一旦发生火灾，应如何行动？
5. 简述内河客船发生碰撞、触礁或搁浅的行动。
6. 造成船舶风灾事故的主要因素有哪些？
7. 简述大风浪中操船措施。
8. 简述弃船抢险时的行动和将旅客转移至救助船的行动。

第三节　紧急情况的预防与控制

要点

本节主要包括对船舶自身和外部环境的风险评估；应急时可用资源的局限性；应急时人员和设备的最佳使用选择等内容。船舶一旦发生事故，首先考虑的是自救，其次是考虑争取外援，最后考虑是否弃船。在整个救助过程中，必须充分考虑本船的可用资源、面临的风险程度、外界环境等因素。

必备知识

一、对船舶自身和外部环境的风险评估

（一）概念

风险评估是估计风险幅度、决定风险可否容忍或接受的整体过程。其主要目的在于确定按计划的或现有的控制措施是否足以控制风险，避免损害。当意外情况发生后，船长和有关人员应根据本船情况、外部环境作出风险评估，内容包括所发生的意外对本船的风险及所采取的措施带来的风险进行评估。比如火灾，应根据本船人力、物力、消防设施、组织结构、外部的帮助、外部自然环境等决定能否控制与扑灭火灾。如果无法扑灭火灾需弃船时，采取不同方式的弃船行动将会造成的财产损失与人命损失的风险。

（二）风险评估的基本步骤

(1)认定所发生意外事故带来的危险。

(2)认定船舶和人员可能受到的损害，以及损害可能如何发生。

(3)根据危险发生的可能性和危害性评估风险大小，并评估现有条件及措施能否足以应付。

(4)认定现有条件及措施不足以应付风险时，选择减少风险的措施，此时对各种措施作出风险评估，以便作出最佳的避险方案。

(5)不断检查船舶内外的环境，必要时重新作出风险评估。

（三）对风险评估应考虑的因素

(1)船上的设备、设施。

(2)意外事故的严重程度、危害后果。

（3）时间。

（4）船上人力、船员素质。

（5）对旅客的威胁和旅客秩序。

（6）外界自然条件如水文、气象、地理。

（7）外界可利用资源。

二、应急时可用资源的局限性

船员和船上设备均是船舶资源，由于船舶属于相对封闭的独立场所，在发生紧急情况时，不同于陆地情况，受到自身条件和外部环境的严重限制。

（1）船员人数有限，人员的素质参差不齐，对设备的性能、用途的了解及操作和使用设备熟练程度不一。

（2）船上现有设备的数量有限，设备的性能受到一定限制，船上回旋空间有限。

（3）船舶发生紧急情况时主要立足于自救，外援受环境条件的限制。

三、应急时人员和设备的最佳使用选择

船舶发生紧急情况时，需进行应急自救，主要立足于自救，直至转危为安，而船上的资源主要是船员和船上设备。为了获得最佳救助效果，应合理利用船上的现有资源，掌握“人尽其才、物尽所用、扬长避短、各尽其能”的原则，才能达到资源（设备）的最佳使用效果。充分考虑如下因素：

（1）人力资源的利用。按应变部署中的分工及职责行动，能有效地发挥每个人的最大潜能。

（2）设备资源的合理使用。在行动中找出事故的最重要突破口，把有效的资源和设备用于最关键部位，发挥其最高的效能。

（3）外部救援力量的利用。尽早向有关部门报告，联系好救援，争取时间。

（4）自然环境和自然力量的利用。充分根据当时的自然条件采取适当的措施，使救助处于最有利的地位。如，火灾中将火源置于下风，有利于控制火势；又如，弃船时，采取抢滩、抛锚的措施，有利于稳住船位和旅客转移；再如，船体破损时，将破洞处于下风，有利于减少进水。

1. 对内河客船面临的风险应从哪些方面进行评估？
2. 内河客船在发生紧急情况时，会受到哪些条件限制？
3. 应急时人员和设备的最佳使用选择，应充分考虑哪些因素？

第四节　案例及其分析

一、典型案例及其分析

案例一:“梧桐山”轮火灾船上救助案例

“梧桐山”轮2002年12月23日下午1746时起锚从蛇口驶往海口途中,深夜发生火灾,经“梧桐山”轮全体船员和各方的全力抢救,将潜在的特大险情化解成了小事故。全船351名旅客无一伤亡,46名船员安然无恙,创造了客船火灾救助的成功典范。

(一)船舶和船员概况

该轮为滚装客船,当时载客351人(其中含儿童9人、司机58人),船员46人。全体船员均持有主管机关签发的相应合格证书。滚装客船汽车舱内装车37辆(其中大车34辆、小车3辆)。

(二)水文和气象情况

天气阴冷,5~6级的东北风在海面上冲起1 m多高的海浪。

(三)事故经过

“梧桐山”轮2002年12月23日下午1746时起锚从蛇口向海口方向行驶。当船行驶至北纬21° 33′,东经112° 56′,即位于上川岛东南海面处的时候,值班驾驶员(三副)听到驾驶台自动报警系统发出警报,他立刻查看设置在驾驶台的闭路监视系统。发现汽车舱烟雾弥漫,汽车舱失火,便拉响了火警警报。46名船员,立即按应变部署的要求第一时间到达各自岗位。此时的时间是当日午夜2346时,一场紧张的灭火抢险战役开始了。

从甲板上观察,滚滚的浓烟从汽车舱出入口门的缝隙中窜出,船长马上向××海事局和××船务公司的调度报告:“梧桐山”轮汽车舱着火。同时命令减低航行速度并操纵船舶使火区处于下风。

船长随即命令船上广播。船上广播室传出了平时消防演习时的规范警报:“旅客们,本船因汽车舱着火,我们正组织船员灭火。船上有足够的消防设备和抢救能力,请大家安静,并服从客舱工作人员的安排,不要随处走动。有任何情况,我们会及时通知你们。请大家合作,共同维持好船上的秩序。谢谢!”客运部主任带领客运部16名员工负责维持旅客秩序。

船长随即命令大副按应变部署进行灭火,大副吩咐水手探火,消防队启动汽车舱的水灭火系统喷水灭火;隔离队关闭汽车舱的通风;全船所有船员都投入到灭火的战斗中。

在灭火的过程中,虽然火还没有彻底灭掉,但烟越来越小,甲板的温度也在慢慢降低。除船上自身携带的40多吨燃料油外,汽车舱内还有37辆充满油箱的汽车,任何一个局部稍有闪失,后果不堪设想。为了旅客的安全,船长决定把旅客转移到救助船上,下令旅客穿救生衣和做好撤离的准备工作,并命令船上广播。

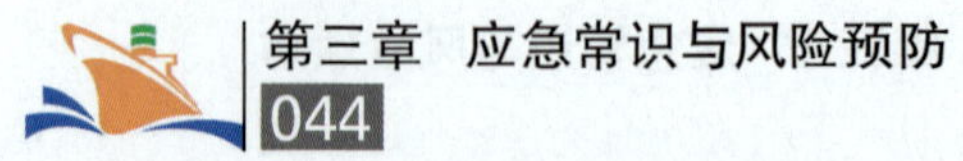

船上广播室播出：旅客们！本船因汽车舱着火，我们正组织船员灭火，虽然火还没有彻底灭掉，但火势已得到控制，没有沉没和爆炸的危险。为了大家的安全，请大家穿好救生衣，我们准备协助大家转移到前来援助的船上去。前来的救助船有6艘，船舶舱位足够，请旅客不要惊慌。保持镇定，并注意以下事项：

(1)在到集合地点之前穿上救生衣。

(2)请在船员的带领下到你最近的集合地点。

(3)如果需要帮助，船员会为你提供帮助，你要保持镇静并听从船员的指挥。

(4)不要携带较大的行李。

(5)发扬团结互助的精神，照顾好老、幼、病、残人员。

(6)请旅客们服从工作人员的指挥。我们将分批离船。

此时，船上有7名解放军驻深圳龙岗某部的官兵。他们在关键时候服从命令，听从指挥，帮助维持旅客秩序，为稳定全船旅客的情绪起了带头作用。为了更好稳定全船旅客的情绪，船长吩咐船员此时不要穿救生衣，当时46名船员，没有一个穿救生衣的。32岁的女服务员×××，家住广州市，丈夫也是船员，家里只有一个8岁的男孩，刚上一年级。由于夫妻都是船员，孩子无人照顾，寄养在朋友家里。当船上发生火灾0.5 h后，她想起××油船发生爆炸，当海员的父亲在那次海难中再也没能回来，又想到自己8岁的儿子，便走到客房过道的无人处给在广州孩子的姑父打了个电话："我们'梧桐山'轮发生火灾了，如果我回不去，请你和小姑一定照顾好我那8岁的孩子……"说完，她泪流满面。但想到旅客的不安，又使她回过神来，擦干眼泪，回到旅客面前："请大家放心，我们一定能处理好的，你们看，我们连救生衣都没穿。"不安的旅客感到了安慰。

到12月24日0430时左右，"海安拖一"、"海安拖二"和"德中"、"德跃"号拖船先后赶到了"梧桐山"轮旁边。船长指示开始往拖船上输送旅客。为了旅客的安全，船长吩咐大副和客运主任安排好为每一舱室的旅客领路的船员，当旅客撤离时，必须有船员在前面引路，船员不能自己独自跑向安全地点，应照顾好后面跟随的旅客；同时安排船上旅客中的7名解放军官兵来帮助维持旅客秩序；按应变部署的旅客安排顺序撤离旅客，分工负责维持旅客秩序；还未轮到撤离的舱室，不准旅客出客房，客房外的旅客都要回到自己的客房内，防止旅客因拥挤观望妨碍撤离行动顺利进行。当时天气阴冷，5～6级的东北风在海面上冲起1 m多高的海浪。从"梧桐山"轮到接驳船的前面，中间有2 m多的距离，船员们站在接驳软梯的上下两旁，手牵着手，采取先儿童、妇女、再老人，最后输送成年男子的国际救援惯例向救助船上输送旅客。这当中还有一位半身不遂的老人，船员们用打包的办法，将他用绳索缓缓地吊到接驳船上。全船351名旅客无一伤亡，全部安全接驳到援助船上并转移到安全地点。上午1030时，旅客们安全地离开船后，船员们仍旧在船长的指挥下坚守在各自的岗位上，继续喷淋灭火。火灾险情发生后，××航运总公司及××船务公司有关领导亲临现场指挥。××港公安局消防大队李大队长先后6次背着压缩空气瓶进入汽车舱内，摸清情况采取得力措施。交通部消防处处长亲自登上出事轮船，从专家的角度帮助"梧桐山"轮灭火出主意、想办法。火灾于2002年12月26日1900时彻底扑灭。

(四)事故原因

火灾认定如下:因位于“梧桐山”滚装客船中的“琼C-00291”载重汽车驾驶室内前左侧仪表台下方电器短路产生火花,引燃放置在该部位的一桶已泄漏的环氧树脂及其他可燃物,造成此次火灾。

(五)事故中的旅客疏散行动分析

全船351名旅客无一伤亡。全部安全接驳到援助船上,创造了滚装客船火灾救助和旅客疏散的成功典范。为什么这艘滚装客船遇到如此严重的火情,还能够转危为安?其中最重要的是:

(1)该船成功稳定全船旅客的情绪,维持旅客秩序。为了稳定全船旅客的情绪,充分利用广播及多种途径安抚好旅客心理。如:①撤离旅客时,船员情绪稳定,行动镇定,且又不穿救生衣。坚定了旅客对救援工作的信心,对旅客心理起到一定的稳定作用。②充分利用船上旅客资源,船上有7名解放军驻深圳龙岗某部的官兵,他们在关键时候服从命令、听从指挥,帮助维持旅客秩序,为稳定全船旅客的情绪起了带头作用。③外援力量充分,救助船及时赶到,对旅客心理起到一定的稳定作用。④船舶集体的力量团结,每位船员各自能坚守好岗位,船员的整体素质是较高的。⑤船员基本功过硬,全部受过专业的训练,处理事情专业和规范,对旅客心理起到一定的稳定作用。

(2)该船平时严格按要求进行训练,船员能够熟练按应变部署展开工作,使旅客疏散快速进行。

(3)船舶严格按客船旅客疏散程序处置应急事件,程序符合规范,旅客疏散能有序进行。

(4)在船与船的旅客转移过程中,采取了有效的安全措施,保证了旅客的安全。

客船应变行动中尤应注意:船员自身必须充分表现出自信和镇定,任何惊慌、流泪等失控行为都会严重感染旅客,对旅客心理稳定起到恶劣的负面作用。上述事态过程中,服务员打电话的表现是十分危险的。因此在应变中,任何情况下船员都不能在旅客面前表露出自己不稳定的情绪。

(六)案后语

“梧桐山”轮火灾后,全船351名旅客无一伤亡,全部安全接驳到援助船上,创造旅客疏散的成功典范。事故表明:船舶平时严格按要求进行训练,发生事故后按程序进行疏散旅客,充分利用广播及多种途径安抚好旅客心理,做好稳定旅客情绪的工作,维持好旅客秩序,一定能做好发生事故后的旅客疏散工作,减少人员的伤亡。

案例二:江山×轮“6·14”火灾事故分析

(一)事故经过

“江山×”轮2005年6月12日,21航次,2000时,渝一宜。在船总人数630人,其中载客510人(国外游客19人),船员59人,多种经营人员1人,随船考证老师2人,考证学员35人,导游23人。6月14日0452时，奉节下行；0708时，泊巫山港823趸船"人源"轮外档下客（游小三峡）。正在下客时，四楼工班长在四楼检查客舱和送客。给客人打招呼：请关好门窗，贵重物品随身携带。当巡查到四楼中部时，闻到一股烟味，就开始寻找烟味来自何处，检查到4258房间时，感觉烟味是从此房间传出。就拿出钥匙打开4258房间的门，门打开后，看到一股黑红的浓烟，马上就把门关上，赶紧敲碎火警报警器玻璃并大声呼喊：四楼客舱着火啦！然后去四楼尾部拿灭火器灭火。0712时，驾驶台火警报警器发出声光报警，同时，四楼前巷道有人向驾驶台呼叫"四楼尾部客房失火啦！"驾驶台值班舵工立即发出火警信号（一阵乱钟后五短声），船长一边冲着正在休息的驾驶部人员喊道："快起来，失火啦！"一边把车钟摇到"备车"位置，随后用高频电话和手机向巫山海事处、火警119台、巫山县公安消防队、公司总值班室报告火灾险情。全体船员听到火警声号后立即奔赴火灾现场扑救，政委带领客运部人员组织进行旅客的疏散转移，旅客于0725时全部安全离开"江山×"轮。当旅客全部转移后，参与疏散转移工作的人员立即自发地投入到救火行列中。有的帮助拖水龙带，有的用湿毛巾给救火船员捂鼻孔，有的将浸湿的被褥、毛巾被披在救火船员的身上，顶在头上。面对熊熊烈火和令人窒息的浓烟，全体船员毫不畏惧，全身心投入到救火战斗中，没有一个人后退半步。

（二）事故救助情况

事故发生地海事管理机构巫山海事处接警后，立即派出监督艇赶赴现场维护现场秩序，同时，在巫山港内的在港船舶"人源"轮和"平湖"轮、"长江之星"等以及当地港航公安人员也相继赶赴现场参与救援工作。

由于巫山港码头趸船正对峡口处，风大，火势发展迅猛，在极短的时间内火势就发展到猛烈燃烧阶段，并从四、五楼的后部向前部蔓延。为及时控制这一势头，船长果断采取措施，立即将船驶入大宁河内，避开风口。这时火势仍然很大，施救也相当困难。针对这一情况，当地公安、海事部门为保护船员的生命安全，要求船员立即撤离现场。这时船长命令女职工立即撤离。0830时部分女船员含泪离开，安全转移到"人源"轮上，留下的船员临危不惧，与火神展开了殊死搏斗。在三、四楼的中部、后部用13根消防水龙向失火客舱喷射，强压火苗，同时在三楼通往四楼的楼梯处用3根水龙组成一道水墙向四楼客舱和机舱外壁喷射，以阻止火势向前部客舱、机舱和驾驶台蔓延。此举对三楼和四楼前部客舱起到了有效的保护作用。轮机人员开启4台水泵，以保证消防管系的压力，满足灭火需要并准备了2根水龙带布置在机舱四角，防止火势向机舱蔓延，保证机舱安全。

因在施救过程中，客舱大量积水，船舶向左倾斜6.5°。这时，轮机长命令机工抽排积水，同时向右边压载舱压水，防止船舶倾覆。此时，四楼火势已基本得到控制，但五楼火势仍然很大，已经危及驾驶台的安全，船长立即采取了抵坡措施，将船向岸边驶去。在这危急时刻，约0900时，巫山县公安消防队用船渡运来两辆消防车，用高压水龙冲射四、五楼的前部，部分消防队员上到四、五楼的尾部参与灭火。约0910时，尾部火势得以控制，0925时经全体船员、公安消防人员等齐心协力，终将大火扑灭。图3-18为"江山×"轮"6·14"火灾事故现场。

图3-18　江山×轮"6·14"火灾事故现场

（三）火灾损失情况

这起火灾烧毁客舱30间、多功能厅过火面积达350 m^2，烧毁卧具、家具、音响、电视、空调等设备设施，直接经济损失28.7万元，无人员伤亡。

（四）事故原因

经公安消防监督部门调查认定：这起火灾事故的原因是"江山×"轮4258客房电器线路短路，引燃可燃物所致。

（五）事故教训

"江山×"轮的火灾事故从客观上分析是因船舶技改时留下了一些火灾隐患，但从主观上也暴露出了在管理制度、安全检查、安全培训、应急应变等方面的缺陷和不足。

（1）安全意识松懈。由于该公司船舶较长时间未发生过大的火灾事故，加之现在营运的船舶均是近几年才改建的，船舶的硬件设施得到提高，电气线路和消防器材进行了部分更新，所以安全意识有所松懈。

（2）管理制度建立了，但未根据船舶出现的新情况予以完善，虽然建立了《客区防火制度》、《吸烟管理制度》、《电器设备管理制度》等，但巡舱管理制度不具体，可操作性不强。例如，有客住的房间在客人下完后，对客舱的清洁整理，关断有关的电源及空房间的管理等，江山公司有这方面的管理要求，但未形成管理制度，而船舶落实的情况则参差不齐；对船舶电气绝缘测试的要求和规定现已不符合江山船舶的实际。

（3）安全检查时，缺乏对电气设备的深度检查，一些电气线路、设备的火灾隐患未能及时发现和整改。在防火管理上未把电气防火作为专项治理的内容。

（4）对职工安全思想教育和安全监督、管理时紧时松。安全是航运企业永恒的主题，但近年来对职工的安全思想教育和安全监督时紧时松，在春运、黄金周、重大任务接待等时段强调得多一些，平时强调少一些，缺乏常抓不懈的精神。

(5)对基层工作的一些问题抓细节不够。由于下基层的时间较少，对船舶有的工作了解不全面，因此对船舶现场工作指导、督促不力。平时对电器设备检查不够，也是这次火灾事故的重要教训之一。

(6)对管理制度的缺陷没有及时补充，导致船舶现场管理出现真空。如：巡舱制度不具体，可操作性不强；对技改存在的隐患认识不足；没有采取针对性的措施进行整改，对船舶应急反应程序的演练培训工作不到位等，都是今后要着力整改的问题。

案例三：长江上的“泰坦尼克”江渝×轮触礁翻沉事故分析

1998年3月20日2345时，“江渝×号”船在长江上游大炉子梁尾(距宜昌612.2 km)触礁，机舱进水，全船失电，即向炉子梁尾右岸收船冲滩搁浅后，于2358时向右侧翻沉于姜家碛外棺材梁尾。经查，在船旅客363人中死亡6人，在船船员68人中死亡2人，失踪1人。船体右舷中后舯部大面积破损，右车叶破损。

(一)事故经过

江渝×号船第18航次，1998年3月20日，由重庆开往汉口(渝—汉)，载客363人，载货1.5 t，铁锚3只，本船前后吃水2.5 m。2130时，船长操作由重庆八码头开航下驶，当日重庆水位零下0.20 m(落)，开航时，气象是小雨。船过银锭尾时船长交班给大副引航，至2342时，大副又交下班大副操作。航行至炉子梁与上水船会让时，于2345时船体右舷后部在大炉子梁尾(距宜昌612.2 km)触礁。触礁后当班大副叫慢车稳舵并交给船长操作。由于机舱大量进水，船体倾斜加剧，“江渝×号”轮于2358时向右侧翻。

(二)事故原因

(1)没保持瞭望，发现上水船过迟。当班人员精力都集中在与上水船联系，疏忽瞭望，对本船船位变化失去警觉，顾此失彼。当班大副忽视了自己的重要岗位职责，二副及副班舵工又未尽职尽责。

(2)当班大副对炉子梁航段枯水期航行安全不重视，对该处枯水期航标配布特点心中无数，注意力集中到联系上水船，将船位向前多行进一段，造成触礁已不可避免。

(3)触礁后船长进驾驶台也只注意联系上水船的会让安全，但疏忽本船的船位变化。

(4)驾驶台当班人员在狭窄航道没正确使用探照灯助航，驾驶台关窗航行，在下雨天有风时不利于瞭望。为事故发生埋下隐患。

(三)事故教训

(1) 这起事故是当班驾驶员责任心不强，安全意识淡薄，忽视一般航道的引航操作，技术水平低，缺乏应急应变技能。

(2) 安全规章制度执行不严，在气候不良的情况驾驶台仍关窗航行，不按规定正确使用探照灯助航，当班人员未严格履行岗位职责。

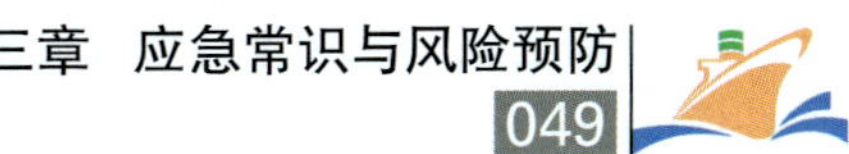

(3) 不重视炉子梁河段的复杂性,会让上水船没有应急准备措施。

(4) 应急措施不力。触礁后已知机舱进水,船长、大副对事态的严重性和危险性估计不足,只安排查舱、堵漏,对可能翻沉的危险缺乏准备,没有用警铃报警,船体急剧倾斜直至翻沉;而且在全船失电的情况下,主机熄灭,导致冲滩收船不佳。

案例四:合江“6·22”特大水上交通事故分析

2000年6月22日0653时,××建筑公司所属××号机动短途客船在合江县境内榕山镇长江水域翻沉,造成船上221人(其中船员3人)全部落水、130人死亡的特别重大水上交通事故。

(一)船舶基本情况

××号客船为横骨架式钢质船舶,总长25 m,船宽4 m,型深1.2 m,设计吃水0.75 m,核定干舷454 mm,55总吨,双机、双桨、双舵,操纵系统为驾机合一,主机总功率320.36 kW。核定乘客定额101人(洪期定额为70人),航区C、J2。

该船于1996年10月7日由××建筑公司向××港监部门申请船舶登记,当日取得船舶所有权登记证书和船舶国籍证书,船舶国籍证书有效期至2001年10月6日。船舶所有人为××建筑公司,船舶价值13万元,船籍港为合江,经营人为个体。船舶证书齐全,属适航船舶。

(二)事故经过

2000年6月22日0550时,××号客船从长江南岸金银沱载客10余人起航上行开往榕山,中途在北岸的铜千湾上客60余人,在南岸的“路口”上客10余人,在下浩口上客开航时船上载客218人,船员3人,共221人。当航行至上浩口时过河到北岸上行,0641时左右到达流水岩,此时遇浓雾,能见度不良,驾驶员准备在上面的淘金山停泊避雾。在船靠拢时,能见度又略有好转,在部分旅客的要求下,驾驶员决定用慢车继续沿北岸上行。当行至银窝子处时与下驶的“白米小机2号”短途客船左舷会遇,0650时左右会遇通过后用了左舵5°,车速仍然为慢车。2 min后,由于雾更浓,两岸都看不见,船舶迷失方向,驾驶员急忙叫舵工到驾驶台操舵。在未向舵工交待车、舵的状态情况下,驾驶员就离开驾驶台,经过顶棚甲板到船头,站在前面右舷梯子上指挥航行。此时,看见船头左舷已搭到夹堰水上,船向坐北朝南,估计已到南岸剑口的乱水区,忙抬起右手指向右舷一侧要求用右舵,舵工即用了右满舵,并用左进右退的“鸳鸯车”,船头向右舷转动。很快驾驶员发现船头前方有一块大礁石,忙转过身去打手势要求倒车,此时船尾已处于回流中,船头搭在从石盘出来的斜流水上,船当即横身在礁石下面的乱水区,在乱水作用下向右迅速翻沉,于0653时左右沉没。

(三)船舶装载情况、事故死亡人数及直接经济损失

事故发生航次,××号客船载客218人,船员3人,共221人。事故发生后,救起91人,死亡130人,直接经济损失337.88万元。

(四)事故发生原因

1. 直接原因

(1)该船在流水岩遇浓雾,能见度不良,按照规定,应当就近选择安全靠泊地点停航避雾,

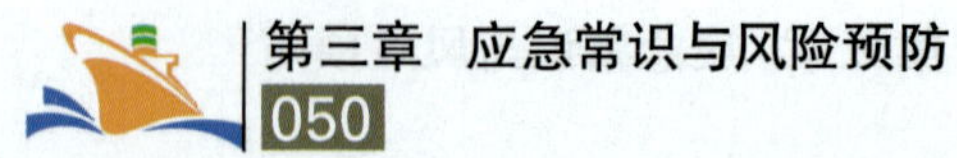

而该船驾驶员却在淘金山准备靠泊时而未靠泊，继续沿北岸冒雾上行，想侥幸驶出雾区。船舶在过银窝子后。用左舵5º，使船舶向雾区深处驶去，导致看不见两岸。驾驶员惊慌失措，最终导致船舶驶入乱水区发生事故。因此，违章冒雾航行是发生本次事故的主要原因。

（2）该船经船检机构核定的乘客定额为101人。而在事故当天载客218人，严重超载，加上在顶棚上载的30余人和30余担蔬菜，使船舶干舷降低，初稳性为负值，在遇到水流后，无法抵御外力作用，致使船舶迅速翻沉。因此，超载是发生本次事故的又一主要原因。

（3）操作不当和应急措施不当是发生本次事故的直接原因。首先，船舶航行至淘金山时本应果断靠泊避雾，而不应继续上行。其次，航行至银窝子处时本还有一次选择靠泊避雾的机会，而该船却是用左舵5º，加之又不及时回舵，使船舶一直驶向河心。在航行至主流区域时，船速减慢，船舶不能抵御流水作用，船从纵向略往下坐，横向朝南岸侧移，致使船舶误入剑口礁石外侧的夹堰水。再次，在船头搭夹堰水时，操右满舵，船头向右转动，使船头处于斜流上，船尾处于较强的回流中，并在左进右退的"鸳鸯车"作用下，加剧船舶向右转动并横身于有泡水、回流、夹堰的乱水区域。上述不正确的操作，使船舶陷入危险局面，因此操作不当和应急措施不当是发生本次事故的直接原因。

2. 间接原因

××建筑公司平时对××号船疏于管理，去年5月取消安全管理人员后，一直没有人对船舶进行检查和传达上级安全生产管理要求，致使船舶时常超载而无人制止。法人代表长期以来不重视安全生产，对船舶的安全生产疏于管理，未配备安全管理人员对船舶进行安全管理，不认真履行船舶所有人的职责，未经批准对船舶驾驶台擅自改动，擅自增加栏杆和上顶棚的梯道，为顶棚甲板非法载人创造了条件。同时，长期只聘请持四等二副证书的人员从事驾驶，致使配员严重不足，驾驶员不适任，导致出现危险局面时，指挥不当，操纵失误，最终导致特大事故发生。

（五）事故教训

发生本次事故，从技术调查角度上有以下几点教训：

（1）船舶所有人和经营人不按照《中华人民共和国船舶最低安全配员规则》配足驾驶人员，而当地海事部门又未及时督促船舶所有人和经营人按规定办理，造成该船长期由不适任的船员驾驶，这是管理上的一大教训。

（2）××号客船在航行至流水岩时，本应按规定坚决停航避雾，而该船却冒雾航行，想侥幸驶过雾区，最终导致船舶处于危险局面，这是操作上的一大教训。

（3）当船舶在剑口石盘处于危险局面时，应采取以下措施挽救危局：①当船头已到剑口石盘乱水区域时应立即停车或者倒车，减小船舶的冲程，防止船身进入乱水区域。②当船舶已进入乱水区域并发现前方剑口石盘时，不能盲目使用车、舵，更不能使用大舵角。应利用礁石和岸形确定本船的船位和航向。③在确定本船的船位和航向后，根据乱水区域水流流态，利用正舵或小舵角和适当车速稳住航向，才能减小急流、泡水、夹堰水和回流对船头的冲压和两舷的侧压力，使船舶逐渐调顺船身，逐步脱离危险区域。

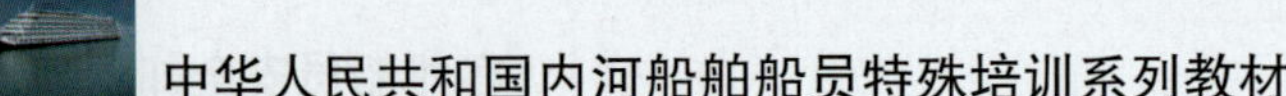

二、客渡船典型案例及其分析

重庆市某县高滩河2007年“1·14”重大水上交通事故分析。

（一）船舶概况

“长龙×号”客渡船，船体材料：钢质；船长：16.9 m；船宽：3 m；型深：0.85 m；最大船高：4.6 m；满载吃水：0.503 m；空载吃水：0.351 m；总吨：20 t；净吨：12 t；载客量40人；主机功率：16.7 kW（参见图3-19）。

“永安××号”自用船，船体材料：钢质；船长：16.5 m；船宽：3.8 m；型深：0.9 m；主机功率：0.9 kW（参见图3-20）。

图3-19 “长龙×号”客渡船

图3-20 “永安××号”自用船

（二）事故概况

2007年1月14日约1745时，在重庆市某县高滩河梨树沱水域“永安××号”自用船与“长龙×号”客渡船发生碰撞事故，造成3人落水死亡、“长龙×号”客渡船轻微受损、“永安××号”货物轻微受损的重大水上交通事故。

（三）事故经过

1.“长龙×号”客渡船

2007年1月14日，重庆市某县某镇船舶管理站站长李某等一行9人包下“长龙×号”客渡船，由某镇码头赴上游桥滩处参加丧事，该船由船主之妻胡某驾驶操作。在1710时，李某一行赴丧后，“长龙×号”仍由胡某驾驶掉头下行回某镇码头，途中经停鹅子岭。胡某靠岸接女儿上船。约1720时，船行至梨树沱上游约100 m处，发现梨树沱对岸突嘴下方自用船“永安××号”沿河心偏右岸一侧上行，船上装有货物并载有客人。在船的李某和某县安全生产督察执法大队队员廖某见状，即到驾驶室外艏部甲板上欲进行执法检查。李某右手扶着驾驶室窗门，左手挥手示意上行自用船接受检查，而“永安××号”自用船前进速度未减，两船对驶

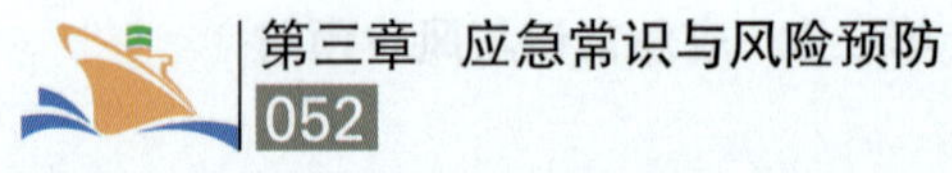

形成紧迫局面，李某见状急对胡某招呼用左舵避让，胡某急操左舵，当船向与顺航道方向呈较大交角（近90º）时，"永安××号"船首与"长龙×号"右舷中部偏后处发生碰撞，碰撞角度约90º夹角。碰撞时间约1745时，碰撞位置在梨树沱河心偏右处。造成"长龙×号"客渡船上的李某、廖某落水死亡。

2."永安××号"自用船

2007年1月14日，"永安××号"自用船在某码头载货约4 t（水泥30包、水泥预制板3块、煤200 kg、墙地砖6件），搭载6人（其中货主2人、搬运工4人）。约1500时，驾驶员（船主）胡某驾船从某地出发，目的地桥滩。当船行至梨树沱对岸突嘴下约20 m河心偏右处时，发现下水客渡船距本船约30 m，正对驶而来，即操舵向右转向避让，同时发现客渡船艄部站有2人，其中一人（李某）在打手势并喊话，因该船噪声大，听不清对方的喊话，这时站在"永安××号"船艄打电话的货主朱某传话让船往左走，胡某即操舵向左转向，并加大油门助舵，眼看两船即将相撞，立即减速换成空挡、倒挡，并操舵摆尾。在倒挡刚拉起时，船首就撞在"长龙×号"右舷中部偏后处。碰撞时，两船船位在河心偏右岸处，站在船艄门边打电话的朱某落水死亡。

（四）事故原因

1. 直接原因

（1）"永安××号"上行时靠航道河心偏右岸（上行船的左手一岸）一侧行驶，错误选择航路，是导致此次事故发生的主要原因。

（2）"永安××号"驾驶员胡某在航行中疏忽瞭望，在船上装有人员和货物，挡住部分视线的情况下，未能采取有效措施保持正规瞭望，当船行驶到梨树沱对岸突嘴下方时才发现"长龙×号"，此时已造成两船对驶相遇，并形成纵距只有约30 m的紧迫局面。当驾驶员胡某看到李某的手势又听到货主朱某的传话时，错误地理解李某的手势意图，未对当时的局面和碰撞危险采取互以左舷会船避让的正确措施，而是盲目操舵向左转向，致使两船相撞。这是发生此次事故的重要原因。

（3）"长龙×号"船驾驶操作人员胡某驾驶船舶下行至梨树沱上游约100 m时，发现梨树沱对岸突嘴下方河心偏右岸上行的"永安××号"自用船时，没有使用声号表明会船的意图是发生此次事故的原因之一。

（4）"长龙×号"在两船对驶相遇时，也没有采取减速、停车、倒车的措施，形成危险局面后，虽然采取了左舵避让的应急措施，但为时已晚。临危处置不当，也是导致此次碰撞事故发生的原因之一。

2. 间接原因

（1）"长龙×号"驾驶操作人员胡某，在船上担任水手时，跟随其丈夫学习过船舶驾驶实操，会基本的操船技能。其丈夫去世后，自己在未经过专门的船员培训考试，未取得"内河船员适任证书"的情况下，无证驾驶船舶，缺乏临危处置的基本能力，是事故发生的间接原因之一。

（2）"永安××号"自用船证书过期，证书失效，属不适航船。用不适航船参加营运，是事故发生的间接原因之一。

3. 管理原因

(1)某县高滩河流域所涉某镇的长龙乡和永安镇乡在具体组织实施乡镇船舶的日常安全管理中,安全管理不力,责任制落实不够,安全宣传教育和船员的安全培训工作不到位,为此次事故的发生埋下了安全隐患。

(2)李某、廖某站在“长龙×号”驾驶室前面挥手示意“永安××号”接受检查,导致“永安××号”自用船驾驶员胡某错误理解其意图,造成双方采取避碰措施迟缓和不当,形成危局,从客观上干扰了“永安××号”的正常操作。

(3)作为管理者的李某明知“长龙×号”客渡船驾驶操作人员无内河船员适任证书,仍租用该船载客,也是事故的因素之一。

第四章

旅客及船员安全管理

第一节 旅客安全管理职责

要点

大型内河客船的旅客安全管理按部门(其中有驾驶部、轮机部、客运部、餐务部)、职务、员工进行管理,船长是旅客安全管理的第一责任人,船舶客房经理(客房主管)全面负责船舶旅客的日常管理工作,船公司质量经营部负责对所属船舶的旅客安全管理进行业务指导、监督。

必备知识

旅客购票上船后,船舶应按船票约定,将其安全地从甲地送往乙地。旅客上下船时,客房部人员应搭设好安全跳板,冬季还应按规定铺设防滑草垫,引导旅客走安全通道,防止旅客翻挡、跨挡或拥堵造成挤压。船舶应在危险区域或者禁止旅客进入的区域设置安全警示标志和安全防护设施。船舶应为旅客提供便利的生活设施,为其提供饮用开水、洗澡热水(标明注意事项以免烫伤)以及热天开启空调等,客舱内按规定配置救生衣。

一、驾驶部的旅客安全管理职责

(1)驾驶部保证旅客安全,应首先保证船舶航行安全。

(2)驾驶部开航前检查由本船行政大副负责或指定二副执行,各主管大副及相关人员应向开航前的检查人员提供情况。

(3)驾驶部保证旅客安全主要是保证设施、设备安全。在开航及靠离码头时,工作场所或工作场地决不允许旅客进入,特别是船舶抛锚、起锚、收缆绞缆时更不允许旅客进入。

(4)在靠离码头完毕后,各楼层艏艉两舷的出缆、收缆孔要按规定使用防护链。案例:1996年×船公司×轮航行黄石—武汉段,由于未使用二楼尾部左舷缆孔的防护链,造成一旅客从此处落入江中,最后船公司在武汉海事法庭败诉。

二、轮机部的旅客安全管理职责

轮机部开航前检查由轮机长负责,设备分管负责人对所管辖设备分别或联合进行安全检查,确保机电设备运行正常。

(1)保证客房的水、电供应,淋浴的卫生间热水温度应该控制在60□ 以下,水龙头有明确的冷热水开关标志和使用注意警示。

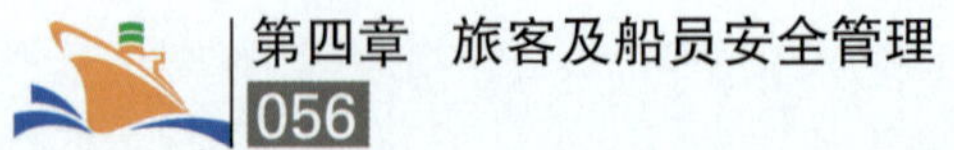

(2)卫生间应使用剃须刀专用插座(带隔离变压器的插座),以防旅客剃须刀受潮漏电发生触电事故,并注明插座使用功率;客房插座应限制旅客自带电器的使用功率,禁止使用电热器具。

(3)客区必须使用双极开关,严禁使用单极开关。

(4)旋转机械必须有可靠的防护罩,通风口应有隔栅。

(5)灯具、灯罩要完好,灯具严格按要求安装灯泡,白炽筒灯严禁使用60 W以上(含60 W)的白炽灯。

(6)台灯、台扇有防倒伏的措施。

(7)机舱、舵机舱及其他机械舱门口区域(特别是旅客必经过道)在检修完毕后要及时清洁,保持该区域清洁不能有油污。

(8)未经轮机长许可,旅客禁止进入机舱。

三、酒店部(客运部)的旅客安全管理职责

(1)旅客上船时酒店部(客运部)人员要协助乘警队查堵旅客违规携带易燃、易爆、有毒、有腐蚀性、有放射性以及可能危及船舶人身和财产安全的危险品或违禁品上船。

(2)危重病人或精神病患者乘船必须有专人护送,否则客房经理(客房主管)可拒绝其乘船并劝其改乘其他交通工具。

(3)船舶应以广播、张贴等形式向旅客宣传、公示"旅客乘船安全须知"、"环保公告"、"救生衣穿着方法"等。案例:2011年8月20日重庆×船务公司的国内旅游船由于安全宣传未到位,睡上铺的旅客不知道使用挡铺板,造成睡上铺的小孩摔成重伤事故。

(4)航行中服务人员对旅客在危险区域照相、玩耍等危险行为,有提醒、阻止的义务。

(5)服务人员对旅客在船不遵守消防安全的行为(如乱扔烟头、在客舱内使用大功率电器等)有制止、劝阻的义务,对不听劝阻者,立即报告值班领导。

(6)船舶航行途中,客房经理(客房主管)应组织、带领部门各工班值班人员对客运区域和客运设施进行巡查,并将检查情况记入值班记录。

(7)旅客在船上发生疾病或遭受伤害时,船舶应采取措施尽力照顾和救护,必要时报告船长,将旅客转移到就近港口医治,并填写客运记录。

(8)旅客在船死亡时,客房经理(客房主管)应立即通知乘警及有关人员到事发现场做好调查、取证与善后工作,并与公司应急指挥中心和公司主管部门取得联系,报告事态的发展情况,接受上级指令,将死亡旅客移交到就近港口,会同公安部门处理,并填写客运记录。

四、餐务部的旅客安全管理职责

(1)餐务人员应熟练掌握食物原料特性,因料施用烹调方案,为旅客提供餐饮服务。

(2)墩板、抹布一定要经常消毒并分类使用。

(3)冰箱、冰房按规定清洗整理,生熟食品分开使用。

(4)保持厨房清洁,防止苍蝇、老鼠、蟑螂的侵入。

(5)餐务人员必须穿戴洁净的工装和工作帽操作。

(6)餐务人员身体健康,手指应保持干净,不能有开放性伤口、污垢等。

(7)厨具、餐具按规定消毒。

(8)不使用有异味或不洁的原料。案例:2011年4月27日,×船公司×旅游船在岳阳二十几名旅客因吃了变质的食物而中毒。

1. 客船应为旅客提供哪些乘船条件?
2. 简述驾驶部的旅客安全管理职责。
3. 简述轮机部的旅客安全管理职责。
4. 简述客运部的旅客安全管理职责。
5. 简述餐务部的旅客安全管理职责。

第二节　旅客乘船安全宣传

要点

旅客上船以后,船舶应通过广播、音像和张贴等形式向旅客介绍本船的救生、消防等设施、设备的配备、设置及使用情况;介绍救生衣的穿戴方法;介绍船上生活(含医疗)、娱乐等设施所在位置及相关事项;介绍旅客乘船的一般安全常识及其他安全须知。

必备知识

一、旅客乘船的一船安全知识宣传

(一)救生、消防知识宣传

1. 本船救生、消防设备的配备、设置情况

旅客上船后,应及时向旅客介绍本船的消防设备、救生设备的配备情况、设置情况,尤其需提醒旅客救生衣放置的位置。向旅客宣传有关火灾预防的知识及消防常识。

2. 救生衣的穿戴

船舶紧急状态时，旅客应穿着救生衣，船员应保证旅客适当着装并正确穿戴救生衣。

（1）如果有可能，应在最外层穿戴不透水的衣服，如防水夹克、雨衣、含油脂衣服等；内层尽可能穿着有保温作用的衣、裤、毛线衣等。在寒冷的气候中更要穿戴手套、毛袜、毛线帽等，以防止体热迅速散失。

（2）旅客可以按照图4-1所示或船员的指示正确穿着船上的救生衣。

3. 救生衣的系解

两手握住救生衣的肩顶
（反面朝外）

从头上翻过，松手后双臂滑入肩孔
（平面贴身，凸面向外）

系结顺序，先系腰带结，
后系领口结

解结顺序，先解领口结，
后解腰带结

图4-1　内河船舶救生衣穿戴示范图

注意事项：

（1）使用救生衣前应检查救生衣是否有破损，系结带是否完好，救生衣属具是否齐备。

（2）系结松紧适度，求生时使用平结，训练时使用缩帆结。

(二)船上生活(含医疗)、娱乐等设施的介绍

不同类型的客船,其生活(含医疗)、娱乐等设施的配备、设置差别较大,为方便旅客在船期间的生活,旅客上船后,船上应及时将这些设施、设备向旅客介绍,介绍内容包括所在位置、开放时间及其他有关事项。

(三)旅客乘船一般安全常识宣传

旅客乘船期间的安全问题既关系到旅客的人身安全和财产安全,又关系到船舶的安全,因此,旅客上船后,应及时向旅客介绍关于安全用电、船上的设施设备不能随意挪动、小孩的照看、个人财产的管理等一般安全常识。

1. 旅客不准携带上船和不准托运的物品

(1)为了航行安全,旅客不准携带以下物品上船:①违禁品或易燃、易爆、有毒、有腐蚀性、有放射性以及可能危及船上人身和财产安全的其他危险品。②各种有臭味、恶腥味的物品。③灵柩、尸体、尸骨。

旅客违反以上3条任何规定造成损害的应当负赔偿责任,甚至追究刑事责任。

(2)不能办理托运的物品:①违禁品或易燃、易爆、有毒、有腐蚀性、有放射性以及可能危及船上人身和财产安全的其他危险品。②污秽品、易于损坏和污染其他行李和船舶设备的物品。③货币、金银、珠宝、有价证券或其他贵重物品。④活动物、植物。⑤灵柩、尸体、尸骨。

2. 旅客携带活动物的规定

旅客携带的活动物,应符合下列条件,否则不得携带上船。

(1)警犬、猎犬应有笼嘴牵绳。

(2)供科研或公共观赏的小动物,应装入笼内,笼底应有垫板。

(3)家禽应装入容器。

3. 旅客行李放置的注意事项

(1)旅客上船后,不得将随身携带的行李随意放置在舱外甲板(尤其是船首甲板)上,应按规定放置在舱内,并注意妥善保管(尤其是贵重物品)。

(2)需对行李进行适当绑扎、固定,防止因船舶摇动产生货物移动而影响船舶稳性。

(3)旅客行李应放置在低处,避免因船舶摇摆造成行李坠落击伤旅客等意外事故发生。

二、对旅客的应急知识宣传

(一)弃船应变部署

1. 弃船警报信号

在发生应急情况时,汽笛或口哨及船上的警铃应发出警报信号:“六短一长声······—”。

2. 听到应急警报信号后的行动

按工作人员的指引到达集合地点,去集合地点的方向标志包括集合地点标志和一个指示正确方向的箭头。

(1)如果听到警报信号时你在你的舱室内或靠近你的舱室,或如果你接近你的随身物品,可多穿些衣服,拿一些最有用的药品,然后按方向标志的指示到集合地点。

(2)如果救生衣在舱室中,并且你在你的舱室内或靠近你的舱室,在到集合地点之前穿上救生衣。

(3)协助其他需要帮助的人。

(4)听从船员和有线广播系统的指挥。

(5)不要回到你的舱室中收拾你的物品或带你的行李物品到集合地点去。

(6)不要寻找你的同伴——集合地点是你们会合的地方。

(7)如果船舶有电梯,不要使用电梯。因为紧急情况可能引起断电、电机损坏,电梯就无法运行,而且当船舶处于倾斜时,电梯的垂直方向随时改变,无法正常运载船员及旅客。

(8)如果最近的出口受阻,使用图式上标出的替代出口。该出口由一虚线箭头指示。

3. 船员标志

在紧急情况下,旅客必须能从其他旅客中识别出能指导和帮助他们的船员。为此,船员应身着制服、工作服或有其他醒目特征,如标有“船员”字样或其他明显标志的帽子及背心。在长途航线上,此类背心应放置在应急位置,供不在岗位或未穿制服的船员使用。

(二)向旅客提供其他应急须知的要求及方法

1. 要求给每个旅客发一份简要的有关安全的卡片和折纸卡

提醒旅客注意应急须知的内容,并鼓励旅客阅读安全小册子。最有效的方法通常是利用船上的有线广播系统或音像制品等进行宣传。在某种情况下,在客运站提供安全信息比在船上更合适,可考虑用下列方法来提供安全信息:

(1)在客运站张贴或显示宣传信息。

(2)定期在客船使用率高的地区散发有关安全的印刷品。

(3)在船上的公共场所进行安全及救生衣演示。

(4)向儿童提供特别的信息卡、彩色书籍及其他活动。

(5)在厕所门内侧也可张贴安全须知。

(6)在船上的公共场所和禁止区域喷涂有关警告标语,如“禁止烟火”、“禁止站立”、“船帮危险”等。

2. 应急须知应在全体旅客上船后,而船未离码头或刚离码头时即宣布

在广播旅客应注意的应急须知时,不应广播其他公告或音乐。商店、娱乐设施应暂时停止服务。因为航行开始后很难引起全体旅客的注意,所以建议在利用船上广播宣布公告前应发出特别的警告声,随后请全体人员注意,公告应给听众传达足够的信息并简明扼要。应使旅客必要时能有秩序地集合或从应急出口疏散,鼓励旅客去了解熟悉集合地点及从住舱到集合点的路线。使他们知道上船时的入口并不是紧急时要去的地方。

三、应急须知广播的样本

(一)中、大型内河客船

(1)特别信号。

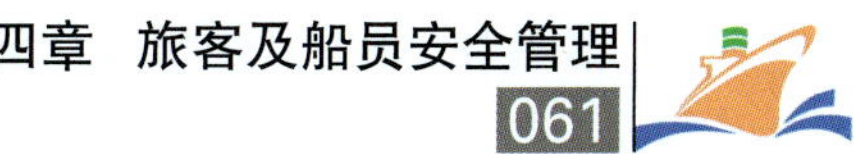

(2)女士们、先生们,请你们仔细听下面的安全公告。

(3)万一发生应急事件须弃船时,将会鸣放弃船应急警报。当听到警报时你必须马上到你的或最近的集合地点去。

(4)此信号是汽笛及船上的警铃发出的六短一长声(建议此时广播录制好的警报信号)。

(5)救生衣在你舱室的××位置,在到集合地点去之前穿上救生衣。

(6)如果你没有在你的舱室,或离开你的舱室很远,请直接到离你最近的集合地点。如果听到警报声时,你在你的舱室或靠近你的舱室附近,请多穿衣服,拿一些有用的药品,然后按方向标志的指示到你的集合地点。

(7)本船的集合地点位于××位置,并有明显的集合地点标志。

(8)如果需要帮助,船员会为你提供帮助,你要保持镇静并听从船员的指挥。

(9)请你注意旅客应急须知通告及公告,在你的舱门上和其他地方标有船舶的脱险通道的图示。

(10)请阅读安全注意事项,了解从你的舱室到指定的集合地点和最近的开敞甲板的脱险通道。

(11)请了解救生衣的穿着方法和存放地点。

(12)全船都张贴着为保护你安全的须知和注意事项的公告。上船后遵循这些要求是很重要的。如果你有任何关于安全的问题,请不要犹豫,立刻去询问任何一位船员。

(二)小型内河客船

(1)特别信号。

(2)女士们、先生们,请你们仔细听下面的安全公告。

(3)万一发生应急事件须弃船时,将会鸣放弃船应急警报。当听到警报时你要保持镇静并听从船员的指挥。

(4)此信号是船用号笛及船上的警铃发出的六短一长声(建议此时广播录制好的警报信号)。

(5)当听到警报时,请多穿衣服,救生衣在你的舱室的××位置,在离开舱室前请穿上救生衣。

(6)本船有××个应急出口,分别在××位置,标有应急出口的明显标志,如果需要帮助,船员会为你提供帮助。

(7)请你注意旅客应急须知通告及公告。

(8)全船都张贴着为保护你安全的须知和注意事项的公告。上船后遵循这些要求是很重要的。如果你有任何关于安全的问题,请不要犹豫,立刻去询问任何一位船员。

四、广播应急声明样本

(一)失火

各位旅客:

请注意,请注意,下面广播紧急通知。我船的主甲板前部客舱失火,火势未波及的舱室

的旅客请回到自己的客舱，有危险的旅客请按照我船船员的指示去做，请旅客们不要惊慌。我船配有完善的消防系统，全体船员受过专业的灭火训练，并有丰富的应急经验，我们有能力控制和扑灭火灾，我们将继续通告灭火的进展情况。

（二）弃船

各位旅客：

请注意，请注意，下面广播紧急通知。我船因与不明船舶发生碰撞（火灾不能控制、触礁漏水不能控制）……船体受到严重损伤，需要弃船。我船将使用救生设备帮助大家离开本船。我船有完善的救生设备，并有充足的撤离时间，请大家不要惊慌，镇定、镇定，按照指示做好如下几件事：

（1）适当穿着衣服并穿好救生衣。

（2）不要携带较大的行李。

（3）发扬团结互助的精神，照顾好老、幼、病、残旅客。

（4）请旅客们服从工作人员的指挥，我们将分批离船。

1. 客船在旅客乘船期间应做好哪些宣传工作？
2. 加强旅客乘船期间的安全宣传有何意义？
3. 如何指导旅客穿着救生衣？

第三节　客区安全检查

要点

为确保船舶的正常运行，确保旅客的人身和财产安全，需定期对客区进行安全巡逻检查。客区安全检查工作主要由客房部和康乐部来完成，对客区进行安全检查应选择合适的时间，尽量避开旅客正常的休息时间。检查过程中，必须遵守有关规定，充分尊重旅客的民族习惯和个人隐私。

必备知识

一、客房部安全查舱规定

船舶航行期间，客房经理全面负责本船的安全查舱组织管理，督促值班客房主管、服务员认真落实查舱工作。客房经理每天0600～0800时、1200～1400时、1800～2000时，3次进行安全查舱，同时对各楼层工班、总台的查舱工作落实情况以及相关记录是否按规范填写进行检查纠正，以签字方式确认。航次安全查舱制度执行情况应记入“工作记录簿”。

（一）船舶航行期间

（1）船舶自始发港开航后30 min内，由客房主管组织，楼层领班带领副班服务员对所有客房进行一次安全检查，并对旅客进行安全、消防知识的宣传，关闭空房间的照明灯、电视机、抽风机、空调风机电源，拔掉电器插头，关闭冷热水阀。如果发现隐患、异味、异状，应立即解决，对解决不了的，应立即报告客房经理处理。检查的相关内容由执行检查的客房主管、客房服务员分别记入值班记录，并签字确认。

（2）值班客房主管每班不定期但不少于3次对各楼层进行安全巡查；值班客房服务员每班不少于3次（接班后30 min、值班中途和喊班前30 min）对空房间及客区进行安全巡查。及时发现和制止游客违章使用大功率电器、卧床吸烟等不安全行为，发现隐患应立即解决，对解决不了的，值班主管应及时报告客房经理处理。值班客房主管、值班客房服务员分别做好相关内容的值班记录。

（3）每天2100（夏2200）时，由值班客房主管牵头，联系随船值班民警，组织值班客房服务员对入住客房进行安全检查，宣传安全、消防知识，及时发现和消除隐患。值班客房主管、值班客房服务员应分别将相关内容记入值班记录。

（二）景点靠泊期间

（1）游客下船游览景点离开客房后，值班客房主管要立即组织各楼层客房服务员首先对各入住客房进行一次全面的安全检查，防止卧具、烟灰缸和客房垃圾桶夹带未灭烟头、火种，无异况时，再按相关规定逐个整理、清洁客房。

（2）各楼层服务员整理、清洁客房完毕后，应将无客人留守房间的照明灯、电视机、抽风机、空调风机电源断开，并拔掉电器插头，关好冷热水阀。于客人返回前30 min恢复接通，并检查有无异况。

（3）值班服务员每班不少于3次（接班后30 min、值班中途和喊班前30 min）对值班区域巡查，以及时发现安全隐患，并将相关内容记入值班记录。

（三）始发、终点港靠泊期间

（1）终点港清洁前，客房经理组织，由各楼层分管客房主管带领楼层领班、楼层服务员对辖区内客房进行安全检查，及时发现和消除隐患，无异味、异状后再进行清洁工作。各楼层分管客房主管和客房经理签字确认后，由护船值班客房主管将相关内容记入总台值班记录中。

（2）护船值班客房主管每天（0800～0900时、1400～1500时、2000时、2100时）不少于3

次、值班服务员每班不少于3次（接班后10 min、值班中途和喊班前10 min）对整个客区进行安全巡查，及时发现异味、异状和消除隐患，并分别将相关检查内容记入值班记录。

二、康乐部安全查舱规定

由康乐部经理执行本部门的日常安全巡查管理工作。康乐部经理对本部门的日常巡查负责组织、监督执行，并做好相关内容的记录。

（一）航行中、中途港景点过夜期间

每天营业结束后，康乐部经理负责本部门区域内的安全检查，各经营场所服务员负责清除、处理烟灰缸和地毯上的烟头，检查垃圾桶，防止火种，断开一切应关闭的电器电源，发现隐患，应立即解决，对解决不了的，应及时报告，并做好相关内容的记录。

（二）景点靠泊和始发、终点港靠泊期间

必须组织一人在船值班，加强对本部门区域内的巡查，断开一切应关闭的电器电源，发现隐患，应立即解决，对解决不了的，应及时报值班主管处理，由值班人员做好相关内容的记录。

1. 客房部在船舶航行、停泊期间如何进行客区安全检查?
2. 康乐部在船舶航行期间的安全查舱有何规定?

第四节　旅客安全上、下船程序

要点

旅客上下船管理是旅客安全管理的一个重要环节，港口码头和船方须为旅客上下船提供安全可靠的设施设备，方便旅客上下船，加强旅客上下船的安全管理，确保旅客上下船的安全、有序。

必备知识

旅客从上船、乘船到下船，安全应放在第一位，其中旅客秩序的管理成为旅客安全管理的重要问题。旅客上下船安全的一般要求（图4-2为确保上下客安全的场景）：

(1)旅客上下船不能与货物、船舶物料、供应品等装卸作业交叉进行。

(2)承运人应负责旅客自登上客船(或舷梯)至离船(或舷梯)期间的安全。

(3)客船应配合客运站做好客梯、安全网的搭拴工作。由于客梯、安全网(在客船一边)搭拴不牢造成旅客伤亡的,由客船方负责。

(4)客船停靠码头(趸船),在未拴好安全网和搭好扶梯跳板之前,要有专人维护码头(趸船)秩序,防止船员、工人、旅客抢上抢下,不准翻越栏杆和在船边传递物品,防止发生旅客和物品落水事故。当客船鸣笛解缆准备起航时,应停止检票,防止旅客奔跑抢登船,维持趸船上的送客秩序,直到客船离开码头为止。

(5)旅客上下船安全程序:①在上下客时,不得进行起落吊杆、闭封舱盖作业,以确保旅客人身及行李、物品安全。②客船应与客运站加强联系,组织安全上下客,并正确掌握旅客定额,严禁超定额。③在上下客过程中,应事先对船内道口、交叉口指派专人照料指挥,防止堵塞。④在上下客前明确指派专人维持秩序,检查舱门、梯、安全网等各项准备情况,并具体负责梯口安全。⑤应维持旅客在规定的乘客区域,禁止旅客站在不安全场所。⑥在正常情况下,未到开航时间,客船有责任阻止提前撤梯和开航,严防旅客跨越登船。⑦下客前,应事先了解船舶缆绳是否系好,安全网、跳板是否连接牢固,严防旅客跨越船舷下船。⑧全体服务人员都应集中精力,切实照料旅客上下船的安全,加强广播与口头宣传上下客的注意事项,指引旅客出入,积极做好扶老爱幼工作。⑨在有客梯存在时,旅客应直接从客梯上下。⑩内河车渡轮,上船应该先装车后上客,下船应先下客后卸车。⑪除定点停泊站外,中途不准上下旅客。

(6)重病或精神病患者的旅客应有人护送。

(7)在旅客上下船的过程中应防止旅客落水、跌伤和盗窃。

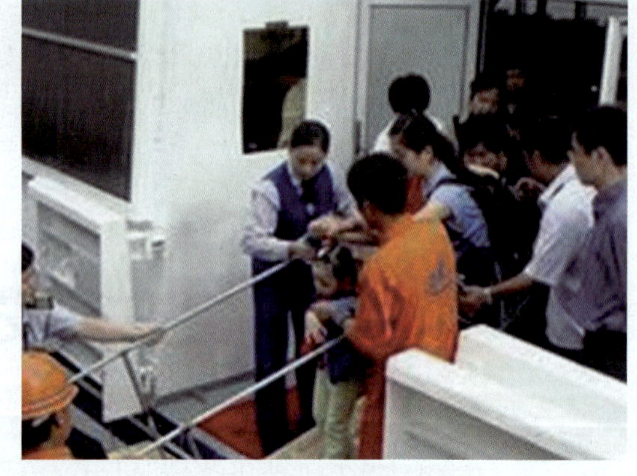
图4-2 确保上下客安全

1. 船方作为承运人承担旅客安全责任的时间范围是如何界定的?
2. 如何确保旅客上下船的安全?

第五节　对无能力和需要帮助的旅客的关照

要点

对于老弱病残等无能力和需要特别帮助的旅客群体需要对其特殊关照，这些特殊关照包括提供上下船方便、食宿方便、医疗服务等，主要职责部门是客船的客运部、餐务部。

必备知识

对无能力和需要特别帮助人员的关照，应做到如下几点（图4-3为关照需要帮助的旅客）：

（1）对老弱病残旅客上下船应该给予特殊关照，帮助其解决上下船不便的困难，应安排专人护送安全上下船。

（2）对晕船的旅客提供晕船药，对长时间晕船的旅客还应给予必要的引导，鼓励其多饮水和到就餐时间一定要就餐，无论多少。

（3）对需要医疗服务的旅客，除向其提供船上医生外，还可通过船上的广播从旅客中找适合的医生。

（4）客船内发现无人护送的精神病患者，管理人员应指派专人看护，若有民警在船应给予协助；若需移交站点或换船站处理，不要交中途站；有人护送时，应协助护送人员防止发生意外。

（5）如果船上是采用签号安置旅客，可根据每一位旅客的具体情况，合理妥善地安置舱位，给老弱病残及妇女、带小孩的旅客以重点照顾，尽可能安排在下铺。

（6）对于旅客中的案犯、遣送对象以及精神病患者，可以安置在有利安全的客舱。

（7）对少数民族的餐食供应，要尊重他们的宗教信仰，根据他们的风俗习惯、口味特点，单独另做。

图4-3　关照需要帮助的旅客

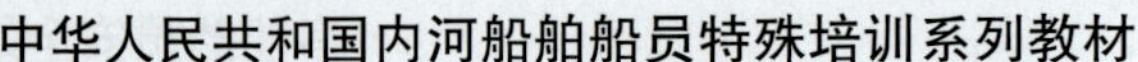

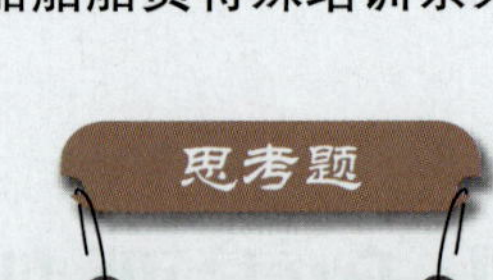

1. 对无能力和需要特别帮助的旅客应给予哪些特殊关照？

第六节　紧急情况下旅客的心理安抚和疏散

要点

在船舶发生紧急情况后，船长和全体船员应保持镇静，根据已建立的应急程序作出有效、及时的反应和正确判断，领导并指挥船员快速行动，激励、安慰旅客和其他人员，以减轻他们的精神、心理压力，从而较好地控制旅客秩序，及时进行旅客疏散，确保旅客和船舶安全。

必备知识

当旅客突然了解到自己已处于相当危险的境地时，他并不情愿接受这一残酷的现实，瞬间的打击可能使部分旅客的大脑出现空白，失去思维能力，处于痴呆状态。让旅客接受这一现实，通常是需要一段过程的。一般来讲，旅客了解船舶处于紧急状况的途径有两种，一种是通过旅客与旅客之间的语言交流及自己的猜测；另一种是通过船员了解。强烈的刺激可能使一部分旅客的思维失去控制，或丧失理性。船员工作目的是尽量减少旅客的恐慌程度，旅客在通过船员了解的过程中，恐慌程度要远小于通过旅客与旅客之间的了解。

一、紧急情况下旅客的心理安抚

（一）激励旅客和其他人员

在紧急情况下，激励、鼓励旅客和其他人员并激发他们的潜力，领导、指挥和组织他们进行应对。应做到：

（1）激发他们的利益感。

（2）给予应急救助人员以援助。

（3）充满热情和干劲。

（4）用表现出来的能力和精神感染他们。

（5）自始至终向他们传递基本的真实的事态发展。

（6）让他们明白船上正在实施对事态作出有效反应的措施。

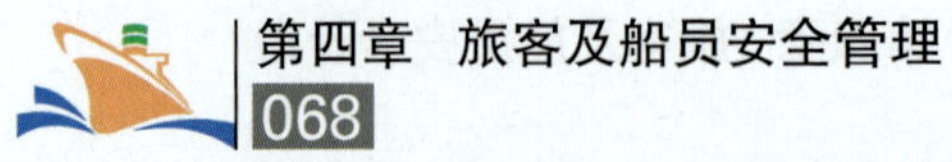

(7)始终保持积极自信的状态。

(二)紧急情况下旅客的心理安抚

紧急情况下减轻旅客的心理压力，避免处在非正常状态下的旅客按自己的意志做事，是维持好撤离秩序的关键。通过以下几点安抚旅客心理和减轻旅客的心理压力：

(1)广播、口语安慰。广播通知或口头传达时，避免使用过激的恐吓语言，镇定地告诉旅客，只要按照工作人员的指示去做，一定会平安无事。促进旅客与旅客之间的互相帮助、互通信息。相信船上的救生能力、坚定获救信心。

(2)首先船员要镇定，行动不能慌张，语言要吐字清晰，避免语无伦次。总之，无论是行动还是语言都要求稳、准、快。

(3)禁止旅客大声喧哗、吵闹、议论，要保持肃静，便于船员指导分配工作，尽量减少恐慌氛围和悲观失望的感觉。

(4)协助照顾好老弱病残旅客，不能让他们留在最后走，否则他们可能厉声尖叫、哭闹，仿佛已处于绝望之中，易引起其他旅客恐慌。

(5)客运人员都应根据自己所负责的客舱范围，向旅客发出安定人心的命令，如："旅客要安静"、"请旅客按照我们的指示行事"、"旅客们不要慌张"、"我船的救生设施很齐全"等。

(6)帮助他们。在紧急状况发生时，一部分旅客的领会能力会有不同程度的减弱，不能按照正常情况时那样作出反应。这时需要船员的及时帮助，减轻他们的心理负担，尽快恢复心理正常反应。

二、制止旅客的"非规范行为"

当船舶发生紧急状况尤其是在弃船时，时间及空间是相当有限的。对旅客的行为要求就要区别于平时的一般情况。应制止旅客的"非规范行为"。

(1)拒绝找亲属。在一定的范围内，若范围极小，不涉及"隔层、隔段"寻找尚可，否则不允许寻找。因为他们处于同样的状态之中，大范围地寻找亲属容易导致秩序混乱，其目的也不一定能达到。应该让他们明白有秩序地撤离，亲人就会在集合地点会合。

(2)禁止携带随身物品(大重件)。除钱币、有价证券、重要文件、贵重物品，其余物品不准携带。过大、过重的物品搬运不便，容易阻塞通道，救生艇或救生筏的空间也是很有限的。

(3)不准独自行动。对于有乱跑、乱动，独自盲目逃生的旅客要坚决制止。他们的行动会带来不安定因素，其目的也不一定会达到。

(4)对于不听指挥，严重破坏撤离秩序的个别旅客，必要时可采取强制措施。

三、紧急情况下的旅客疏散

(一)职责分工

(1)船舶发生事故或紧急情况，全体船员在船长指挥下，全力保护旅客安全。

(2)船长是旅客疏散的总指挥，负责下达旅客疏散命令，组织实施疏散行动。

(3)客房经理为旅客疏散的现场负责人，实施船长下达的旅客疏散命令。

(4)客房主管按客房经理指令组织服务员负责维持好旅客秩序,实施旅客疏散。

(5)在疏散旅客的过程中,坚持“救人第一”的原则,要采取多条线路进行疏散,防止旅客拥堵安全通道造成踩踏、摔伤等事故。

(6)其他船员按应变部署预案中“救生”职责履行应急职责。

(二)疏散措施

(1)船长根据船舶遇险情况(船舶有倾覆、翻沉危险;船舶火灾不能控制等情况时必须对旅客进行疏散转移时)发出疏散旅客的命令,同时指定专人报告船公司和当地主管机关,并保持联系(图4-4为疏散转移旅客)。

(2)各级船员听到遇险信号后,应按“船员应变备忘卡”中规定的应变职责,迅速到达各自的指定岗位,听从船长及现场指挥的命令。

(3)客房经理是疏散现场的负责人,具体负责落实和实施船长发出的疏散指令,落实转移路线和安全防范措施。指定专人值守广播室,准确及时传达各项命令和通知,迅速布置导游、翻译向涉外旅客解说等事宜。广播内容:告知事由和应对办法、转移路线、安全提示,安抚旅客以求得配合。

(4)转移路线现场须安排协调能力较强的人员参与,并会同乘警配合维护秩序,疏散旅客。

(5)值班服务员接到疏散指令后应迅速打开所有通道出口,将旅客转移到指定的安全处所。

(6)发生事故或紧急情况时疏散旅客的原则:根据事故的性质,按轻重缓急的原则,先疏散面临危险程度较大的旅客,其中老弱病残及孕妇等是重点照顾对象,并落实专人负责。

(三)注意事项

(1)旅客疏散完毕后,客房值班主管必须立即组织人员对各客舱进行再次清理,防止客舱内还有滞留的旅客。

(2)客房主管应携带急救包到旅客集结地点,对受伤的旅客进行救治。

(3)客房经理组织人员清点统计旅客人数向船长报告,船长应及时向船公司报告详细情况。

(4)安抚旅客,稳定旅客情绪。

图4-4 疏散转移旅客

思考题

1. 船员在紧急情况下如何进行旅客的心理安抚?
2. 当船舶处于紧急情况时,旅客哪些行为对疏散是不利的?
3. 简述船舶在紧急情况下旅客疏散的职责分工。
4. 简述紧急情况下旅客疏散的措施及注意事项。

第七节　协助旅客到达集合和下船地点

要点

当船舶发生碰撞、触礁、火灾、爆炸、台风袭击、船体漏水等严重危险情况时，在自救无效、又没有外援的情况下，船长应宣布弃船。弃船命令发出后，所有船员均应严格按照“弃船应急应变部署”等相关规定，积极投入到应急救援的各项工作中，确保旅客快速、安全、有序地撤离遇险船舶。

必备知识

一、协助旅客到达集合和下船地点的措施

（一）清楚发出安定人心的命令

在紧急情况发生后，旅客与船员均应按照应变部署方案行动，所以清楚发出安定人心的命令显得格外重要。要求语调平稳，速度适当，吐字清晰，内容及语言简练，并有安慰指示性语句，防止旅客惊慌而发生混乱。安定人心为首要任务。

(1)应急声明应以安定人心为主，因为紧急情况比较明显，旅客很快就会知道。为了便于管理各方营救，安定人心减轻旅客的心理压力成为首要任务。

(2)客运人员都应根据自己所负责的客舱范围，向旅客发出安定人心的命令，如：“旅客要安静”、“请旅客按照我们的指示行事”、“旅客们不要慌张”、“我船的救生设施很齐全”等。

(3)广播应急须知和应急声明(可参考第四章第二节中的介绍)。

（二）控制和管理走廊、楼梯和通道处的旅客

控制走廊、楼梯和通道处旅客，应遵循分层分舱离船法。图6-6为ISO推荐的应急逃生指示图，图中标示每个部位旅客的应急撤离路线，可通过广播或音像等使旅客知晓。要求：

(1)标示的逃生路线要让旅客清楚识别，并能按标示的路线撤离。

(2)保持旅客人流向一个方向移动，确保人流不滞留、不拥堵。

(3)如果旅客提出的问题不便回答，可简单回复“到达集合地点会有信息相告”。

(4)关闭旅客逃生路径上除紧急出口外的所有舷门/门。

(5)携带应急灯。

(6)遇家庭成员失散者，要让他们保持镇静，并把消息发送至在另外的其他家属成员，安抚他们，使之相信船员会尽一切努力使他们家人团聚。

(7)对儿童行动进行直接控制管理。

(三)保持逃生路径上无障碍，协助旅客快速到达集合地点

船上无论是旅客舱室附近还是船员居住舱室附近，任何时候都应保持逃生路径上畅通无阻，禁止堆放杂物，照明设备应处于可用状态。

(1)控制走廊、楼梯和通道处旅客，遵循分层分舱离船法。

(2)为撤离旅客选择合适地点。①船员领路，为撤离旅客选择地点。当旅客撤离时，必须有船员在前面引路，船员不能独自跑向安全地点，应照顾好后面跟随的旅客。②前后救生通道要分清，特别是大型内河客船和旅游船。③选择最近的逃生通道，船员一般要根据自己主管舱室所在的位置选择最近的逃生通道引导旅客，注意船舶稳性。小型客船及渡船，注意控制人群，避免过于集中一舷或船头及船尾，以免船舶过度倾斜而倾覆。④使用旅客名单清点撤离人数，当旅客撤离到集合地点和安全地带后，应及时准确地清点旅客人数。⑤弃船时禁止旅客携带大、重件包裹，必要时不准携带任何物品，确保逃生路径的畅通及逃生的最后成功。⑥保证老弱病残旅客有人护送或帮助，避免因旅客行走不便堵塞通道。

(四)撤离旅客中的病残人员和需要特别帮助的人员

对无能力和需要帮助的老弱病残旅客上下船应该给予特殊关照，帮助其解决上下船不便的困难，并安排专人护送安全上下船。

在紧急情况下，安全转移旅客中的残疾人员是一项重要而困难的工作。因此在安全转移的过程中一定要注意以下几个问题：

(1)快速统计。客运人员要迅速查清本客舱残疾人员及需要特别协助人员的数量，做好统计，统一安排。

(2)有亲人护送情况下，应让残疾人的亲人护送到集合地点登艇筏撤离遇险船。

(3)无亲人护送情况下，首先应动员周围旅客协助脱险。如果还有困难，客运人员应和其他船员协助脱险。

(4)使用担架。船上都备有应急担架，如果需要，客运人员应使用担架抬走该旅客，在担架有限的情况下，应就近或在所在舱室附近制作简易担架。

(五)旅客搜寻

旅客全部撤离居住舱室到达艇甲板及安全地带后，船员对旅客居住舱室、浴室、卫生间等地方进行搜寻，确保所有人员均已撤离。

1. 进行旅客搜寻的原因

(1)个别旅客因为某种原因，如突发病，无力独自行动，不知发生什么情况等，仍然滞留在客房内。

(2)在行动中走散，迷失方向，无法跟随其他旅客到达集合地点。

(3)旅客可能会在他们认为能逃脱危险的居住舱或到其他场所寻求安全地点。

2. 旅客搜寻的方法及注意事项

(1)行动必须强调一个“快”字,因为此时时间显得尤为宝贵。

(2)根据旅客上船时掌握的空铺、空舱情况,首先搜索有客的舱室。

(3)采取呼喊的方法,询问舱内有无旅客。

(4)时间允许,应该采取逐舱、逐铺搜索的方法。

(5)须对船上所有舱室、公共场所和其他地方进行搜索,以确保所有人员均已到达集合地点。

(6)遵循船舶应急程序、计划,确认对所有处所都进行了搜索,不致重复搜索而浪费时间。

二、到达集合地点后的人群管理

当船上所有人员到达集合地点后,应加强对旅客秩序的管理,为后续的旅客离船、撤离工作做好准备。

(1)让旅客知道把船上的旅客引导到最近的集合地点,团体及家属成员就能重新聚合。

(2)将船上的旅客引导到最近的集合地点,如果一个集合地点人群拥挤时,应把部分旅客分散到另一个集合地点。

(3)集聚人群时,必须使家庭成员放心,尽力安置好其家庭的其他成员。

(4)各集合地点之间须有公众广播系统、电话或手提对讲机等通信联络设施,可派人去某一集合地点寻找失散人员,陪送他们与其家庭成员会合。

(5)旅客聚集完毕,须允许他们即刻离船。

(6)始终向旅客说明情况使他们放心,船公司会妥善解决有关的善后问题。

(7)加强搜索以确保所有人员均已到达集合地点。

(8)到达集合地点后保持镇静,并按所在集合地点的船员指示去做,正确穿好救生衣。如果需要,船员应帮助旅客穿戴。儿童应穿儿童救生衣。

扩展知识

内河客船弃船命令发布后,船上人员的离船顺序应遵循以下三条基本原则:“先旅客后船员,先普通船员后高级船员,船长最后离船。”轮机部值班人员应在驾驶台通知完车后才能离开,驾驶部值班人员应在船长同意后方能离开,所有船员必须在旅客完全离开后才能离开。

思考题

1. 弃船命令发布后,如何保持逃生路径上的畅通?
2. 简述搜索旅客居住舱室的方法。
3. 如何加强到达集合地点后的人群管理?
4. 对无能力和需要帮助的老弱病残旅客进行安全转移应注意哪几个问题?

第八节 客船酒店部、厨房的安全注意事项

要点

在大型内河客船的酒店部、厨房的工作人员,工作中遵守船舶制定的各种安全预防措施和安全守则,尤其是厨房工作人员对各种厨房设备安全使用注意事项必须牢记在心,预防意外受伤。

必备知识

一、酒店部安全注意事项

(1)留意是否有危险工作情况,若有发现,应立即向领班(主管)报告。

(2)非紧急情况,不得在客区内奔跑。

(3)为防止垃圾桶内有碎玻璃,不可将手伸进垃圾桶或垃圾袋内,以防刺伤手。

(4)若需推车,请用双手推动,以策安全。

(5)若工作地带(甲板)湿滑或有油污,应立即抹去,以防旅客和员工滑倒。

(6)不要用损坏的清洁器具,以免危险。

(7)如果取高处物品,应使用梯架,同时要考虑船舶航行摇摆的影响,必要时要有专人扶住梯架。

(8)若发现客区过道或楼梯照明不良或设备损坏,应马上报告,尽快修理。

(9)在公众处所放置工作车、吸尘机等,应尽量放置在过道旁,并留意是否有电线绊脚的可能性。

(10)所有玻璃或镜子,若发现有崩裂,应立即报告,及时更换。不能及时更换的,要用强力胶纸贴上,以防有坠落的危险。

(11)在玻璃门适当位置贴上有色字体或图案,以防客人或船员撞伤。

(12)高空作业和在无工作栏杆的舷外作清洁时,必须系安全带。

(13)船上购置的所有活动家具,应充分考虑船舶在航行中,遇紊乱水流、风浪等的影响出现摇摆的情况,家具的稳定性一定要好。

(14)船上的所有物品(布草、备品、工属具等)必须入库,不得放置在应急通道。

二、厨房设备安全使用注意的事项

船舶厨房位置相对狭窄,电气设备较多,环境潮湿。确保厨房设备的安全使用是确保船舶、旅客安全的一个重要前提。对于在厨房工作的人员,一是要熟悉各种设备的性能和操作规程,二是要建立相应的规章制度,三是要落实相应的维护保养人员,确保设备处于正常使用状态。所有电气设备都应有效接地。例如1987年,某江渝客轮的一名厨房员工在冲洗地面时,发现绞肉机支架上有残余的肉渣,便用手去掏,由于该绞肉机未接地,该员工不幸触电身亡。

(一)船用燃气灶安全使用注意事项

(1)使用燃气灶(参见图4-5)时,不要长时间离开,防止火被溢出的汤水或风扑灭,造成漏气。应该人走火灭,随手关闭灶具开关和管道阀门。

(2)定期检查燃气器具的燃气管是否漏气,发现漏气时,应立即关闭电源,清除火种,切勿启动排风扇、抽烟机,打开门窗通风。

(3)不要在安装有燃气灶的房间内再使用煤炉或其他灶具,使用燃气灶的房间必须保持通风良好,燃气灶周围不要放置易燃杂物。

(4)厨房员工在操作时,避免满锅满油,防止因船舶摇摆造成锅内油水溢出造成烫伤甚至失火事故。

(5)要定期清洗抽烟筒内的油垢,防止发生火灾。

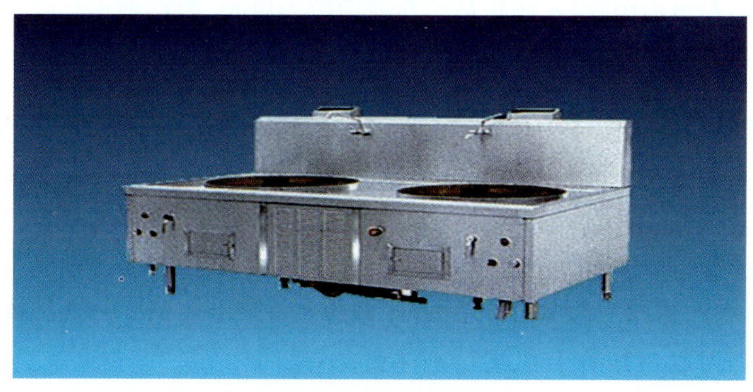

图4-5　船用燃气灶

(二)电烤箱安全使用注意事项

(1)严禁将电源线、插头及电烤箱浸入水中或其他液体中,以防触电。

(2)电烤箱(参见图4-6)在工作时,表面温度很高,请勿随意触摸。若需触碰或移动电烤箱,应使用电烤箱专用手套。

(3)电烤箱应安放在干燥、平坦、隔热的地方,并在周围保留足够的空间。

(4)长时间不使用,或在清洁电烤箱时,应拔掉电源插头。

(5)严禁将易燃物或热源放置在电烤箱的附近,电烤箱使用完毕后,应将定时器旋转至"关闭"位置,并拔掉电源插头。

(6)不能将密闭的容器放在电烤箱内加热,加热物品时,容器内应预留足够的空间,以防液体沸腾溢泄。

(三)绞肉机安全使用注意事项

(1)绞肉机(参见图4-7)要由专人使用,其他人不可任意开启绞肉机。

图4-6 船用电烤箱

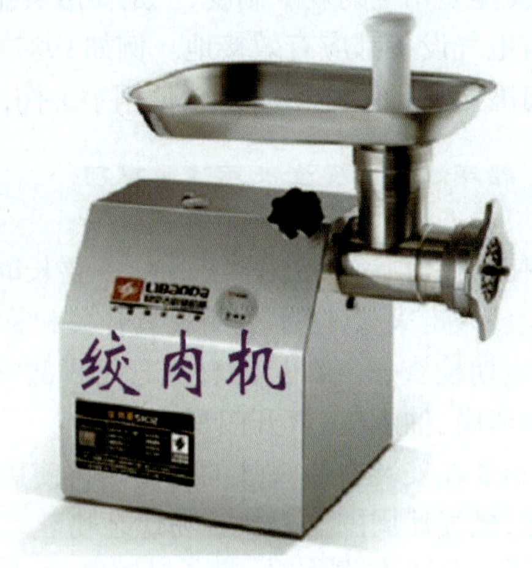

图4-7 绞肉机

(2)厨房员工在使用绞肉机后要先拔掉电源,再清洗绞肉机。

(3)当船舶在风浪中航行,厨房员工在使用绞肉机时,要特别小心,避免发生意外。

(4)绞肉机发生故障时,一定要先拔掉电源再进行修理。

(四)切片机安全使用注意事项

(1)注意操作切片机(参见图4-8)的姿势,不要靠在操作开关或载肉台上。

(2)装肉时,切记令圆刀停转。

(3)清扫或调整时,切记切断电源。

(4)清扫时,要将厚度调节板完全退回,即将厚度调节板的上端调到略高于圆刀刀刃。

(5)清扫圆刀罩一类零件时,要特别注意安全。

(6)机器运转时,绝对不要摸碰圆刀及运动着的零件。

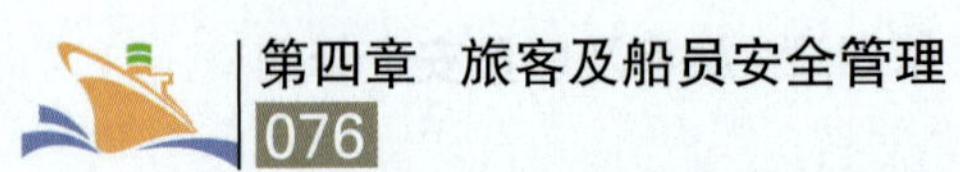

(7)发生异常时,应立即切断电源,使机器停转。

(8)即使是暂时停止使用机器,也要养成切断电源的习惯。

(9)停电时,必须将电源开关和离合手把分别扳至“停止”和“离”的位置。

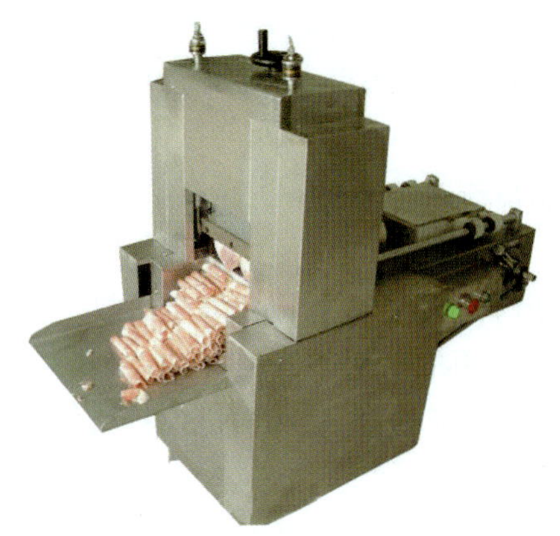

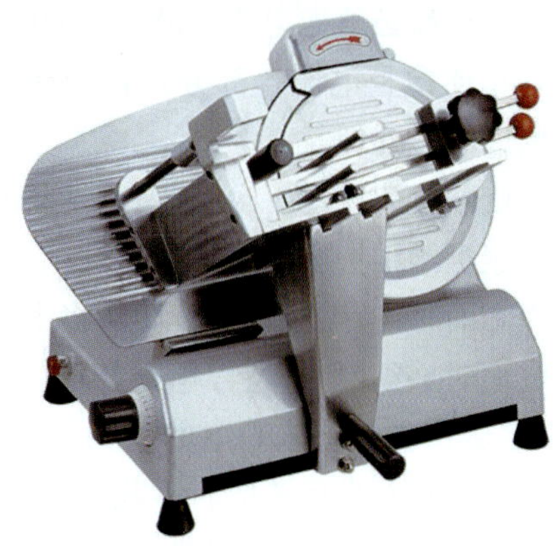

图4-8　切片机

(五)船用平扒炉安全使用注意事项

(1)船用平扒炉(参见图4-9)主要以电热为主,操作时均应先在炉板上倒入少许食用油,再接通电源或点火。使用过程中,注意温度控制。

(2)若在使用过程中,出现异常现象,必须立即停止使用,经检查排除故障,方可继续使用。

(3)每次工作完毕,可用不含腐蚀的清洁剂清洁炉体表面,清洁时应先切断电源,以防意外事故发生。

(4)长时间不使用,应将炉体包装好存放。

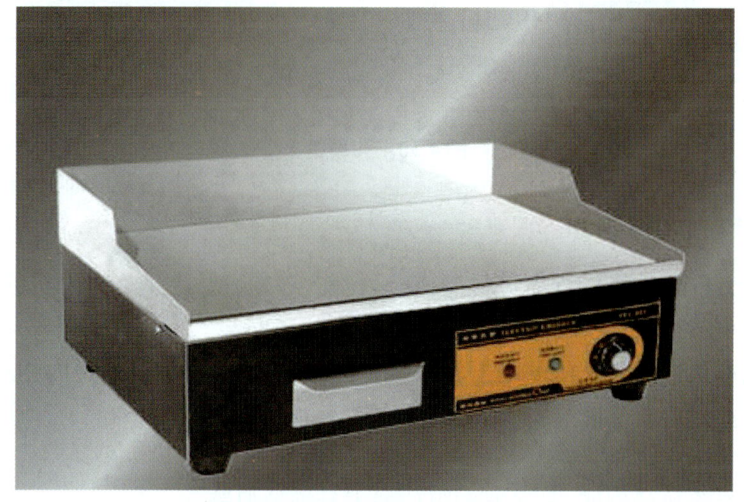

图4-9　平扒炉

（六）和面机（参见图4-10）安全使用注意事项

（1）操作人员要穿好劳动保护用品，扎紧袖口、衣角，要干净利落不准有绳头出现，头发须盘入工作帽内。

（2）各工班都必须指定熟悉设备性能的专人使用。

（3）开车前检查电器各部分是否绝缘良好，电机接地是否可靠。严禁用湿手按开关按钮，有问题请电工处理。

（4）按机器负荷规定一次性放入干面粉，不得超负荷运转。

（5）按照机器维护要求定期加油。

（6）在和面时，应盖好箱盖。切勿将手或其他硬物伸入面斗内，以免发生事故。

（7）取面时必须断电，待停电搅拌后将机壳歪倒后再取。例如2001年，在长江一豪华旅游船上一名厨房员工在未断电的情况下去取面，因袖口未扎紧，被和面机搅杆钩住袖口后，手被卷入和面机内，最后造成右手截肢。

（8）运转时不得触动转动部件，发现异声、松动、杂物、振动等不正常时，应停机检查、维修。

图4-10　和面机

（七）船用升降机安全使用注意事项

（1）严格按升降机的操作程序进行操作，运行前，必须确认上下方升降机的机门已关闭，按下警铃后，方可运行。

（2）需使用电话进行升降机的上下联系，不得头伸入升降机运行通道内相互喊话。

（3）盛装食品的容器不能装得太满，防止在搬运时发生烫伤。

（4）不得超重运送食品。

（5）定期对升降机的钢缆、布线器和限位器进行维护保养。

思考题

1. 酒店部安全注意事项。
2. 船用燃气灶安全使用注意事项。
3. 船用电烤箱安全使用注意事项。
4. 绞肉机安全使用注意事项。
5. 切片机安全使用注意事项。
6. 船用平扒炉安全使用注意事项。
7. 和面机安全使用注意事项。
8. 船用升降机安全使用注意事项。

第九节　内河客船停泊、修船期间的安全管理

要点

在内河客船上工作的船员，应对停泊、修船期间及明火作业的有关知识有所了解，以确保船舶、人员及财产的安全。

必备知识

一、内河客船停泊值班的注意事项

（1）所有停泊值班人员必须坚守岗位，认真执行有关安全规章制度，经常巡视船舶，及时了解船舶在停泊期间的有关安全情况。

（2）及时了解旅客上下船情况和燃料、用水补给进度，并掌握船舶吃水、倾斜等情况。了解上下客通道、跳板及安全网情况。

（3）遇到火警、人落水等紧急情况时，应立即发出警报信号，报告船长或值班驾驶员，并全力抢救。

(4)严格遵守船舶防污染的有关规定。

(5)夜间应保证上下客通道有足够的照明。

二、内河客船修船期间的注意事项

(1)船舶修理时,注意施工现场,关心从事高空、舷外、临水及封闭舱室内工作人员的安全,从事高空、舷外、临水的工作人员必须系好安全带、穿好救生衣。进入封闭舱室内工作,必须有专人看护。

(2)在甲板上拆检设备时,应及时将残留的油污清除干净,一是防止流入江河中造成污染,二是防止人员行走时滑跌造成工伤事故。

(3)接岸的电线应挂起系牢,不得任意放在甲板上,换灯泡应先关闭电源。船用照明灯的引线不得触到湿地及热管上,防止漏电。

(4)舱口盖和人孔盖揭开后应设置明显的标志,放置照明灯并围以绳子等阻拦物,工作完毕要盖好舱口盖、人孔盖。进双层底工作必须有2人以上。

(5)使用梯子前,应在下端绑扎橡皮之类防滑物,如果仍觉不安全,须派人扶住或用绳子绑牢,以免滑跌。

(6)在积雪、结冰的露天甲板工作时,应先将甲板打扫干净。

(7)上船人员不得携带火种,船舶夜间停电时不得使用蜡烛照明,应使用应急照明灯进行照明。

(8)每天检修完毕应全船进行检查,并对所有通道进行清理,保持畅通。

(9)厂修期间,所有人员均须遵守厂规。

三、内河客船明火作业的有关知识

(一)可以进行明火作业的技术条件

(1)可燃气体浓度不大于爆炸下限的1%,相对风速小于13.8 m/s。

(2)明火作业前,必须确定符合环境考察条件要求。施工现场,必须清除易燃易爆物品,备妥足够有效的消防器材,并有防止火花扩散的安全措施。

(3)明火作业前,应拆除作业现场内有影响的电缆或切断其电源并对其安全遮盖。

(4)在隔热舱壁或间架板上进行明火作业前,必须拆除距焊割边缘0.5 m内的一切可燃物;对0.5 m以外的可燃物,应采取防止焊割热传导的措施及有效遮盖。

(5)可以拆除的管子等机件,应移至电焊间或安全地点焊补,对无法拆卸的油管、污水管等,应进行有效清洗,使管内可燃气体达到规定的标准,或采取充满惰性气体、水,或拆开管子接头,对作业点两端进行有效隔堵。

(6)在长期封闭的舱室或空间狭小的通道明火作业,必须提供足够的通风,使空气中的含氧量达到18%以上。

(7)明火作业前,必须查清作业面的反面和周围,并确认无易燃易爆物品。

(8)燃油、润滑油舱(柜)、泵舱、隔离舱、压载舱等进行明火作业或火种作业前,必须封闭

与其相连的所有管系、阀门，并经洗舱除气，铲除硫化铁锈皮、油泥，取得船舶检验部门签发的“船舶可燃气体清除证书”。

(9)测爆合格的舱室或处所，明火作业必须要在4 h内开工，否则，应重新测爆认可。作业前和作业中，应有专人对施工区域及有影响的处所随时复测可燃气体的浓度。

(10)明火作业的设备质量必须符合我国部级以上的产品技术标准。使用前，必须确认设备技术状态良好。

(11)明火作业时，必须有专人负责监护，准备好相应的灭火设备器材。作业完毕，必须彻底清理现场，在确认无残留火种时，监护人员方可撤离。

(二)不可进行明火作业的条件

(1)对作业环境条件无法进行考察或不符合进行明火作业的技术条件要求的。

(2)进行加油、涂刷油漆等有火灾危险的工作现场。

(3)盛有残存易燃易爆油、气的容器和管道和未经卸至正常气压的压力容器。

扩展知识

测试可燃气体浓度的安全措施：

(1)测量时必须两人协同工作，舱口应有专人监护。

(2)测试人员必须穿戴防静电的劳保护具，并备妥必要的安全用具。

(3)舱内严禁拆装仪器和更换电池，所有照明设备必须按安全防爆的操作规定操作。

(4)进入长期封闭的舱室前，检测含氧量不低于18%。

思考题

1. 内河客船停泊值班注意事项。
2. 内河客船修船期间注意事项。
3. 内河客船进行明火作业的技术条件。

第五章

集合程序

要点

应急情况下，旅客集合程序对拥挤人群管理是非常重要的。正确实施旅客集合程序应从维持旅客秩序、使用减少和防止旅客恐慌的程序、使用旅客名单清点撤离人数、确保旅客适当着装和正确穿戴救生衣等几方面进行。

必备知识

一、维持旅客秩序的重要性

应急情况发生后，良好的旅客秩序是旅客顺利、安全、快速撤离的先决条件。良好的旅客秩序能使船上工作人员正常、清楚发出安定人心的命令，较好地控制走廊、楼梯和通道处的旅客，保持逃生路径的畅通，协助旅客快速到达集合地点，正确实施救援行动等；而混乱的秩序、声音嘈杂喧闹则会令工作人员的指示性语言无法正常传达，加剧旅客的恐惧心理，使旅客相互拥挤，堵塞通道，自相踩踏，撤离队伍行动无法进行，甚至可能会发生混乱，终止救援行动，从而导致灾难性的后果。所以，旅客秩序管理是非常重要的。

二、旅客集合程序

（一）减少和防止旅客恐慌的程序

管理好拥挤人群的秩序首先必须要减少和防止旅客恐惧心理的产生，使用正确的程序以实现拥挤人群的安全管理：

(1)在广播宣传时，语言要随和、镇定。

(2)船员行动上要镇定，避免惊慌的行动。

(3)维护好旅客秩序，提供和平时一样的优质服务。

(4)给需要帮助的人员提供帮助。

按上述程序展开行动后，能很大程度上减轻旅客的心理压力，减少和防止旅客恐慌，为拥挤人群的安全管理打下良好基础，以利进一步提高救助能力。

（二）确保旅客适当着装和正确穿好救生衣

(1)当弃船命令发出后，旅客通过广播、船员口头传达或其他途径了解到船舶处于紧急状态时，第一件应做的事便是适当着装和正确穿好救生衣。

(2)船员要使旅客按照图示或亲自讲解救生衣穿着法，确保旅客正确穿好救生衣，而不

允许旅客到其他舱室、场所去找亲人或背包裹等行动。

(3)对于不服从指挥的旅客要耐心劝说,必要时采取强制手段。需要特殊照顾的旅客要协助穿好救生衣。

(三)使用旅客名单清点撤离人数

当旅客撤至集合地点和安全地带后,应及时根据准确的旅客上船人数进行快速清点旅客人数:

(1)清点每一艘救生艇筏上的乘员。

(2)指导旅客单行纵队登艇。

(3)向驾驶台报告已上艇的旅客人数。

(4)旅客可能没有到达指定的集合地点,应彻底对居住舱区域搜索,确保清点旅客人数的准确。

思考题

1. 简述维持旅客秩序的重要性。
2. 简述旅客集合程序。

第六章

紧急情况下与旅客通信交流的能力

要点

要实现安全管理人群及紧急情况下安全疏散旅客，紧急情况下与旅客的信息沟通是非常重要的，信息沟通一般有三种途径：

1. 语言沟通，如通过广播向旅客广播应急声明；
2. 通过文字、图像式交流；
3. 非语言方式沟通，如表情、手势、语气、眼神等。

必备知识

一、船员自身素质培训

船员首先自己要沉着冷静，不能慌张应付旅客在紧急情况下作出的不正常反应，要保证传达信息的成功和达到预期的效果。个别船员因为心理素质差，自己已不能按照正常的程序去工作，当然无法与旅客沟通信息，这种情况很容易引起旅客秩序的混乱。

二、使用适合于所载旅客国籍的语言

语言相通是迅速准确沟通信息的前提，语言是通信与交流的重要工具，尤其在紧急情况下语言相通则是旅客沟通信息的有效途径。目前我国国内的客运航线及内河的旅游客船，运载的主要是中国籍旅客，使用的语言是汉语，要求船员尤其是客运员能说普通话。另外还可能运载少部分外国籍旅客，要求船员熟悉简单的英语词汇或英语对话，重点是紧急情况下的旅客疏散的提示语言。有些渡口的地方渡船和固定航线上客船，要求船员既能讲普通话，又能说当地语言。如航行在珠江三角洲至香港的客船，要求船员既能讲普通话又能说广东话，当然还须掌握英语。

三、当语言交流不可行时，用手势或喊叫的方法指示集合地点、逃生路径和救生设备的能力

（一）必要时演示手势

如果遇到个别旅客的确听不懂船员的语言，如个别外国人、少数民族、聋哑人等，以及条件不允许用语言沟通（如：附近有机器声）、时间来不及等都应该向旅客演示手势。常用的手势如图6-1～6-5所示。

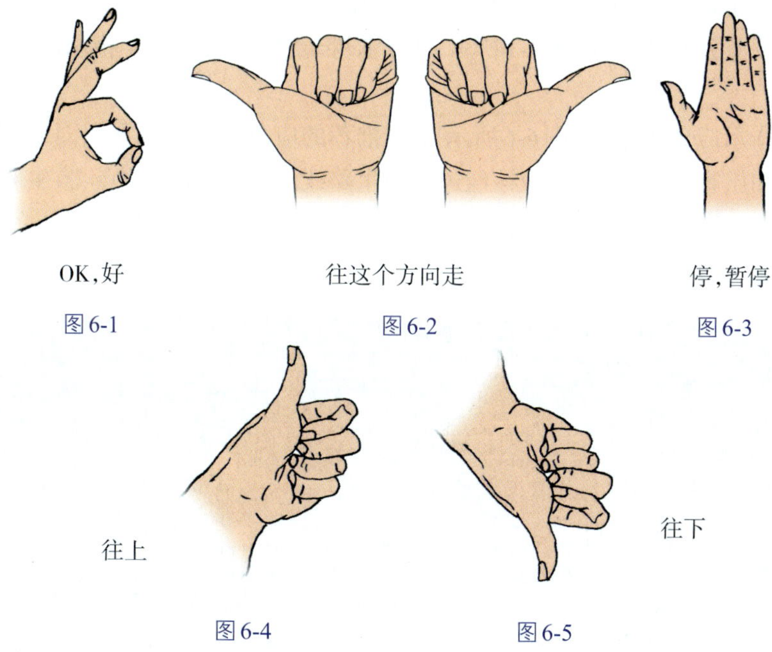

图6-1 图6-2 图6-3

图6-4 图6-5

(二)标志

(1)应能明显辨认出集合地点,显著地标出通往集合地点的线路。

(2)标志的色彩应与墙板的色彩有明显的差别。

(3)指示标志应放在显著并持续照明而无其他标志的地方。

(4)每个集合地点应由“集合地点”符号(如图3-1)标明,不同集合地点应该用字母或数字加以区别。如果登乘地点即为集合地点,则无须区别集合地点和登乘地点。如果集合地点不是登乘地点,还应把两者加以区别。

(5)在旅客所有处所,都应有集合地点的方向指示标志。

(6)通向集合地点的路径任何时候都应畅通无阻。

(7)应该标出集合地点前往登乘地点的指示标志。

(8)紧急情况下可用来逃生的门窗、舷窗应有明显的“应急出口”的标志。

旅客所处的每层甲板应有编号方便识别,另外也可用名称识别。有关标志应标在所有的楼梯和公共房间并能被明显看到。

(三)无法用语言沟通时使用其他可能的通信联系方法

在无法用语言沟通时,为了让旅客到达指定地点、集合地点、救生设备或撤离路线等处所,可用打手势、招呼等方法来取得联系。

(1)站立在显而易见的地点,如平台、椅子或桌子上。

(2)显示发光的紧急指示牌,或用双臂平展示意,若可能用手持灯或手电筒示意。向旅客演示如何穿着救生衣。

(3)用图指示位置。用图指示救生衣存放的位置、"救生衣穿着法"等;旅客现在应处在的位置、地点及应处的状态,如图4-1所示"救生衣穿着法"和应急逃生指示图,对着图向旅客指示位置。

(4)用图指示应急逃生:如图6-6所示"ISO推荐的应急逃生指示图",对着图向旅客指示疏散路线,告知旅客的路线,以及应该经过的逃生路线的位置、集合地点、救生艇筏的位置。

(5)用表及文字指示:船上应变部署所做出的反应及要求;旅客应该做什么;应变部署总体计划概况;船上的救生设备大致情况等。

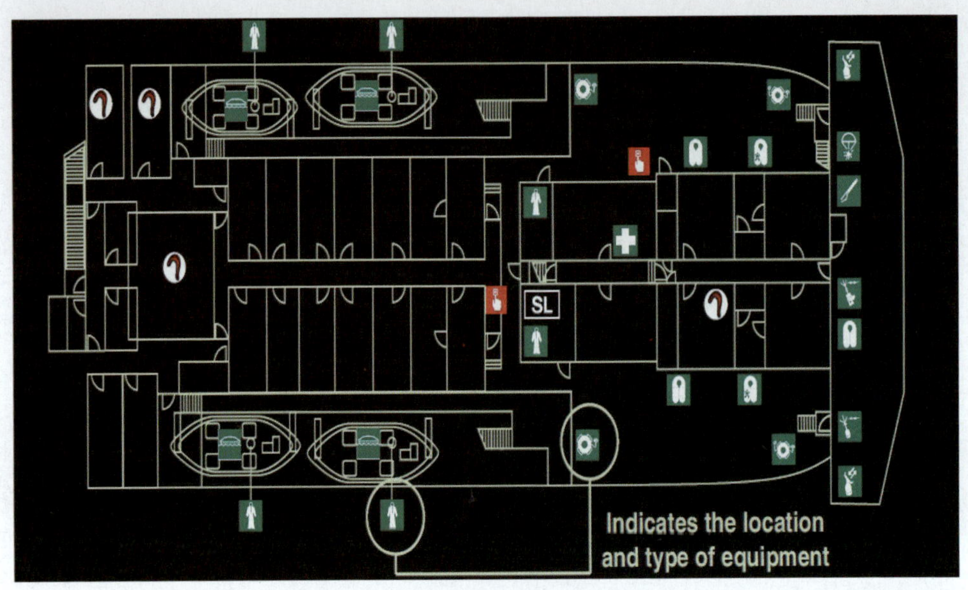

图6-6 ISO推荐的应急逃生指示图

四、紧急情况下向旅客和其他人员提供信息

(1)使用适合旅客和船上人员的主要国际化语言(汉语普通话、当地语言、英语)。

(2)找出能使用一种以上语言进行沟通交流的船员,把他们安排在重要的集合地点。

(3)船员要使用基本常用的与紧急状态信息有关的语言。

(4)从旅客中挑选能讲外语及当地语言的人。

五、熟悉应急安全指示标志中的用语

(一)消防安全标志

图6-7为应急逃生标志。

应急出口

应急出口

滑动开门

滑动开门

推开

拉开

疏散通道方向

疏散通道方向

图6-7　应急逃生标志

图6-8为船舶消防标志。

灭火设备或报警装置方向

灭火设备或报警装置方向

灭火设备

灭火器

消防水车

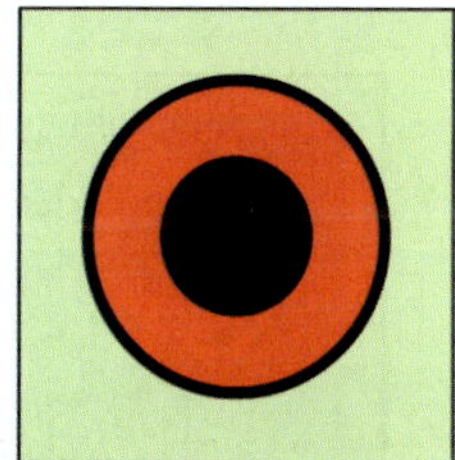
消防手动启动器

禁止阻塞

禁止锁闭

击碎面板

禁止吸烟

禁止烟火

图6-8　船舶消防标志

(二)船舶救生安全有关标志

图6-9为船舶救生安全标志。

1. 扣紧座位安全带

2. 关紧舱口

3. 救生筏

4. 救助艇

5. 登乘梯

6. 撤离滑梯

7. 救生筏

8. 救生圈

9. 救生衣

10. 儿童救生衣

图6-9　船舶救生安全标志

六、紧急情况下引导和帮助旅客广播紧急告示的用语

(一)紧急情况下引导和帮助旅客广播紧急告示的用语的要求

(1) 挑选能使用两种语言或多种语言的人员进行现场或用船舶有线广播发布通告。
(2) 在紧急情况时用书面卡片在驾驶台规范地发布专业信息通告。
(3) 确保通告的发布使用不同的多种语言,且与船方主要使用的语言有区别或接近。
(4) 确保船员、尤其是援助的船员,能完全明白所发布通告的含义。
(5) 紧急情况下告示用语应通俗易懂,简单明了。

(二)紧急告示的英汉对照用语

1. 常用单词、词组
(1) Passenger旅客
(2) Advice通知(名词)
(3) Advise通知(动词)
(4) Pay attention注意
(5) Life channel救生通道
(6) Lifeboat救生艇
(7) Lifejacket救生衣
(8) Lifebuoy救生圈
(9) On fire失火
(10)Collision碰撞
(11)Leak漏水
(12)Explosion爆炸
(13)Broadcast广播
(14)Companion ladder升降梯
2. 简单用语
(1) 我船失火。
Our ship is on fire.
(2) 油着火。
Oil is on fire.
(3) 火势怎么样?
How is the fire now?
(4) 火即将被扑灭。
We are flooding compartment to extinguish fire.
(5) 不要惊慌。
Don't hurry and confuse.
(6) 我船危险。
My ship is in danger.

(7) 我船没有受到损坏。

We have not received any damage.

(8) 我们必须离开这条船。

We must leave the ship now.

(9) 请安静。

Be quiet.

(10)请跟我走。

Please follow me.

(11)不要进入……甲板/空间/区域。

Do not enter… deck/space/area.

(12)当进入时,不要相互推挤。

Do not push each other when entering.

(13)禁止吸烟。

No smoking.

(14)一旦应急情况发生,船舶汽笛和警报系统发出七短声和一长声。

In case of emergency seven short blasts and one long blast will be given by the ship's whistle and the alarm system.

(15)当心,彻底熄灭香烟。

Be careful to extinguish cigarettes completely.

(三)紧急情况下引导和帮助旅客广播紧急告示的用语

(1) 女士们、先生们,请你们仔细听下面的安全公告。

(2) 请大家不要惊慌,镇定!镇定!按照指示做好如下几件事:①穿好自己的衣服并按照工作人员的演示穿好救生衣。②不要携带较大的包裹。③发扬团结互助的精神,照顾好老人、小孩。

(3) 旅客要安静。

(4) 请旅客按照我们的指示行事。

(5) 旅客们不要慌张,我船的救生设施很齐全。

(6) 我船已抢滩,已没有下沉的危险。

(7) 如果有任何疑问,请向穿有"船员"字样衣服的船员或工作人员询问。

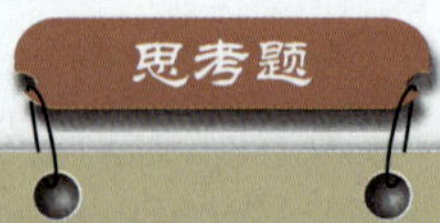

1. 针对我国不同的内河客船,在紧急情况下应如何使用语言向旅客传递有关信息?
2. 简述紧急情况下引导和帮助旅客时广播紧急告示的用语及要求。
3. 什么情况下用手势或喊叫的方法指示集合地点、逃生路径?

第七章

实操训练

第一节 船上消防救生设备使用训练

船舶应变部署是船舶为应付可能发生的突然事件，预先根据船舶设备和人员情况所作的安排和布置。

为了保证船舶在发生海损事故或遭遇自然灾害需要进行救生、灭火、堵漏或弃船等紧急情况时，能有条不紊地组织船员和旅客，奋力抢救国家财产和保障生命安全，必须制定各项有关工作部署，并应在平时定期进行各项部署的学习和训练，不断地提高全体船员的应变能力和训练素质，以使船舶的安全工作处于“有备无患，常备不懈”的状态。

从船舶海损事故的统计资料中可以明显看到两种截然不同的情况。一种情况是船舶没有应变部署或虽有应变部署而平时没有进行学习和训练，一旦船舶发生海上事故，便惊慌失措，争相逃命，结果造成船舶沉没、船员和旅客大量丧生的悲惨局面。另一种情况是船舶在遇险时，由于应变部署严密，平时船员训练有素，全体船员临危不惧，在统一组织和指挥下，齐心协力，挽救危局，结果化险为夷。因此我们说，船舶应变部署不仅能够反映出船舶安全生产的水平，更能反映出船员的技术水平和训练素质。

一、模拟厨房火灾弃船演练程序（大型、中型内河客船）

（一）综合演练人员安排（18人）

（1）船长：总指挥，位于驾驶台。

（2）大副：现场指挥。

（3）消防队3人：负责灭火器材的使用；隔离队2人：负责灭火隔离，弃船时负责旅客舱室搜索；救护队2人：负责灭火时的救人工作，弃船时负责维持旅客秩序；客运组，客运员5人（客运主任、客运员1号、2号、3号、4号）和救生艇员3人（1号、2号、3号）：负责维持旅客秩序，弃船时客运员负责快速统计，保证病残旅客有人护送及搜索旅客舱室，救生艇员负责救生艇的准备工作。

（4）轮机员1人：机舱水泵及机舱工作。

（5）除18名船员外，其他船员以旅客身份参加演练。①旅客甲：扮有亲人照顾病残旅客。②旅客乙：扮无亲人照顾病残旅客。③旅客丙组：一般旅客。

（二）演练步骤

1. 首先全体船员在码头集合清点人数，向船长报告全体集合完毕，人数40人，请指示。得到船长指令后，即宣布综合演练开始，各就各位。

（1）船员按职务各就各位。

（2）旅客上船。

(3)旅客全部上船就座后,船上广播应急须知。

(4)船长宣布开航。

2. 开航约几分钟后,发现失火,大副集合队伍,并向船长报告及组织灭火。

(1)甲板值班水手巡逻至船尾,发现厨房着火。大声喊叫"不好了,厨房着火了",值班水手关上水密门,并手按报警器。

(2)驾驶台值班驾驶员发出火灾警报(连放短声一分钟再三短声)。

(3)广播员:"各位旅客,请注意,请注意! 下面广播紧急通知。我船的厨房失火,请火势未波及的舱室的旅客回到自己的客舱,有危险的旅客请按照我船船员的指示去做。请旅客们不要惊慌,我船配有完善的消防系统,全体船员受过专业的灭火训练,并有丰富的经验,我们有能力控制和扑灭火势,我们将继续通告灭火的进展情况。"

客运员:到达各自负责舱室,镇定地告诉旅客,"船员正在采取有效措施进行消防,旅客只要按我们的指示做,一定会平安无事";禁止旅客大声喧闹,保持肃静,减少恐慌氛围和悲观失望的感觉;正确回答个别旅客提出的问题。

(4)大副到达现场,各队向大副报告,大副向船长报告。

消防队长:"消防队到位。"

隔离队长:"隔离队到位。"

救护队长:"救护队到位。"

客运组长:"客运组到位,并已开始在各自岗位工作。"

大副:"报告船长,全体人员到达岗位,请指示!"

船长:"迅速组织灭火。"

大副:"是。"并下令消防队用灭火器灭火,隔离队关闭通风,救护队检查是否有受伤人员。

客运组撤离厨房附近舱室的旅客至餐厅,同时维持各舱室的旅客秩序。

(5)过一会,大副确认消防自救措施无效,向船长报告。

大副:"报告船长,消防自救措施无效,火势无法控制,请指示!"

船长:"弃船。"按应变部署表进行弃船,驾驶台发出弃船警报(六短一长)。

大副:"是!"并下令:广播员广播及客运组维持旅客秩序;清点旅客人数,准备撤离。救生艇员做好施放救生艇筏准备。

广播员:"各位旅客,请注意,请注意! 下面广播紧急通知。我船因火灾不能控制,船体受到严重损坏,需要弃船,我船将使用救生设备帮助大家离开本船。我船有完善的救生设备,并有充足的撤离时间,请大家不要惊慌,镇定,镇定! 按照指示做好如下几件事:①适当穿着衣服并穿好救生衣。②不要携带较大的行李。③发扬团结互助的精神,照顾好老幼病残人员。④请旅客们服从工作人员的指挥,我们将分批离船。"

(6)救生艇员做好救生艇的准备工作;客运员到客舱演示穿好救生衣,讲解及检查旅客是否适当着装和穿好救生衣,负责维持旅客秩序及统计自己负责的舱室的旅客及病残旅客人数。

(7)大副:"全体旅客向集合地点集中。"负责维持旅客秩序的客运组人员带领旅客到达集合地点，搜索人员进行旅客舱室搜索。

(8)在集合地点，客运组人员向大副报告集中人数。

搜索人员："报告大副，经进行旅客舱室搜索。舱室内没有发现旅客。"

(9)大副："报告船长，集合地点有亲人照顾病残旅客甲1人和无亲人照顾病残旅客乙1人，其他旅客××人。共有××名旅客，少2名旅客，请指示。"

船长："再搜索旅客舱室。"

(10)过一会，搜索人员经进行旅客舱室搜索，在舱室内找到2名旅客。

搜索人员："报告大副，经进行旅客舱室搜索，舱室内找到2名旅客。"

大副："报告船长，经进行旅客舱室搜索，在舱室内找到2名旅客。全体旅客和船员到齐，请指示！"

(11)船长："带领旅客到登救生艇甲板准备登艇。"

(12)旅客、船员分别到达各自的艇筏登乘地点，艇员讲解登艇筏的注意事项。

(13)大副："报告船长，全体旅客船员登上艇筏。"

(14)船长："放艇筏撤离。"

演习结束。驾驶台施放解除警报一长声，全体人员整理器材归位，演习结束。

二、演习评估

演练完毕，船长对演习进行认真总结，包括演练的成绩及暴露出的问题。

三、演练安全注意事项

(1)所有参加演练人员，必须严肃认真，按综合演练方案要求，服从安排，稳、准、快地完成演练相关的各项要求。

(2)全部人员应穿工作服及安全工作鞋。

(3)演练中若有意外情况发生，立即报告。

第二节 旅客控制、集合等安全管理要求的训练和演练

一、模拟船舶碰撞后抢滩的旅客疏散演练程序(小型内河客船)。

(一)演练人员安排(7人)

(1)船长：总指挥，位于驾驶台。

(2)大副：1人。

(3)轮机长：1人。

(4)其他船员4人:水手2人,机工2人。

(5)除7名船员外,其他船员以旅客身份参加演练。

①旅客甲:扮有亲人照顾的病残旅客。

②旅客乙:扮无亲人照顾的病残旅客。

③旅客丙组:一般旅客。

(二)演练步骤

1. 首先全体船员在码头集合清点人数,向船长报告全体集合完毕。人数40人,请指示。得到船长指令后,即宣布综合演练开始,各就各位。

(1)船员按职务各就各位。

(2)旅客上船。

(3)旅客全部上船就座后,广播应急须知。

(4)船长宣布开航。

2. 开航约几分钟后,船舶发生碰撞,船长上驾驶台,大副检查船舶碰撞情况,发现左舷艏尖舱及前舱进水,手按报警器,一边关上水密门。

(1)驾驶台发出进水警报(二长一短,连放一分钟),全体船员进入应变部署。

(2)广播员开始广播:“各位旅客,请注意,请注意! 下面广播紧急通知。我船左舷艏尖舱及前舱进水,请无关旅客回到自己的客舱,有危险的旅客请按照我船船员的指示去做。请旅客们不要惊慌,我船配有完善的堵漏系统,进水很快就会被控制住。过一会儿,将继续广播进水堵漏的工作情况。”

船员:使用减少和防止旅客恐慌的程序。到达各自负责舱室,镇定地告诉旅客,船员正在采取有效堵漏措施,旅客只要按我们的指示做,一定会平安无事;禁止旅客大声喧闹,保持肃静。减少恐慌氛围和悲观失望的情绪;妥善回答个别旅客提出的问题。

(3)大副集合队伍,并向船长报告。

大副:“报告船长,堵漏人员到位,请指示。”

船长:“轮机长,准备排水泵;大副,按应变部署进行堵漏,并报告进水量情况;将前舱1~5排旅客转移到后舱室。”

所有人员按指示行动。

过一会,大副向船长报告。

(4)大副:“报告船长,左舷艏尖舱和前舱有破洞,进水量约140 t/h,很难控制进水,请指示!”

船长:“关闭水密门,启动水泵排水。我船准备抢滩并撤离旅客。全体船员按撤离应变部署行动。”

过一会,船舶已抢滩,船员到达应变岗位。

(5)船长:“广播船舶已抢滩及撤离旅客的注意事项。”

广播员:“各位旅客,请注意,请注意! 下面广播紧急通知。我船因船舶碰撞进水,现船舶已抢滩,没有下沉的危险,我船将使用救生设备安排旅客离开本船。我船有完善的救生设备,并有充足的撤离时间,请大家不要惊慌,镇定、镇定！按照指示做好如下几件事:①适当穿着衣服并穿好救生衣。②不要携带较大的行李。③发扬团结互助的精神,照顾好老幼病残人员。④请旅客们服从工作人员的指挥,我们将分批离船。"

(6)船长:"轮机长和机工分别负责前舱、中舱、后舱的旅客管理(指导旅客穿着救生衣,并负责维持旅客秩序);大副和水手负责架跳板上岸的准备工作。"

过一会,架跳板准备上岸的工作已经做好。

(7)船长:"大副,快速统计旅客及病残旅客人数。"

过一会,大副已统计好。

(8)大副:"报告船长,船上有亲人照顾病残旅客甲1人和无亲人照顾病残旅客乙1人,其他旅客××人,共有××名旅客。"

(9)船长:"水手负责护送旅客甲和旅客乙上岸。"

旅客甲和旅客乙已上岸。

(10)船长:"水手负责旅客通过跳板的秩序和安全工作;中舱旅客开始撤离。"

机工引导中舱旅客撤离。

(11)船长:"前舱旅客开始撤离。"

机工引导前舱旅客撤离。

(12)船长:"后舱旅客开始撤离。"

轮机长引导后舱旅客撤离。

(13)船长:"大副、水手进行旅客舱室搜索。"

(14)大副:"报告船长,全体旅客已撤离,船上无遗留。"

(15)船长:"所有船员上岸,大副清点上岸旅客和船员人数。"

(16)大副:"报告船长,所有船员和旅客××人全部安全上岸。"

(17)船长:"演习结束,驾驶台施放解除警报一长声,全体人员整理器材归位。"

二、演习评估

演练完毕,船长对演习进行认真总结,包括演练的成绩及暴露出的问题。

三、演练安全注意事项

(1)所有参加演练人员,必须严肃认真,按综合演练方案要求,服从安排,稳、准、快地完成演练相关的各项要求。

(2)全部人员应穿工作服及安全工作鞋。

(3)演练中若有意外情况发生,立即报告。